LORENZ · AUSTREIBUNG DES LOGOS

Markus Lorenz

AUSTREIBUNG DES LOGOS

Sprachverfall und Vernetzungslüge der Mediengesellschaft

Eine Streitschrift

Mercurius-Verlag

Erstausgabe August 2009

Gesetzt im Verlag aus der Cushing-Antiqua (John Stearns Cushing 1897) und Cushing-Kursiv (Frederic Goudy 1904), Digitalschnitte (V. Pacella 1982) der International Typeface Corporation.
Umschlag: Björn Göppl
Druck und Bindung: BoD GmbH, Norderstedt

ISBN 978-3-939569-04-6

«In gewisser Weise ist Information das Gegenteil von Wissen. Worüber ich informiert bin, das brauche ich nicht zu begreifen. Und wenn ich ganz informiert bin, in Form gebracht, bin ich im Grunde genommen tot.»

Hans-Georg Gadamer

INHALT

Sprachverfall

1.

Die deutsche Sprache, deren Reichtum uns die klassisch-moderne Literatur und Philosophie überliefern, ist im Begriffe auszusterben. Ihr gegenwärtiger schriftlicher und mündlicher Gebrauch läuft auf ein kahles Gerippe hinaus, das sich mit George Orwells pessimistischer Utopie des «Newspeak» im legendären Roman «1984» vergleichsweise, im Horizont der Übersetzung, charakterisieren läßt. Man erinnert sich: In Orwells literarischer Horror-Vision fungiert die angestrebte größtmögliche Reduktion von Wortschatz und Grammatik als totalitäres Herrschaftsinstrument, das mit der Minimierung sprachlicher Bezugsmöglichkeiten die Fähigkeit zu eigenständigem, kritisch-distanziertem Denken ausschalten soll.
Eine katastrophale Vergewaltigung des aktiven und des passiven Sprachschatzes zeigt auch das heute vorherrschende Gesamtbild des allgemeinen Sprachgebrauchs. Der nur leicht gestufte Grauton primitivistischer Nivellierung erstreckt sich vom betäubenden Geschwätz des Boulevards bis in die *Diskurse* der akademischen Etagen. Mehr noch: Eine funktionalistisch verstümmelte *Codierung* von Ausdrucksweisen ist auf allen gesellschaftlichen Ebenen die conditio sine qua non, um an kindischer *interaktiver Kommunikation* teilzuhaben. Die lexikalisch-syntaktische Mehrsinnigkeit, welche den sprachlichen Horizont offen und schöpferisch hält, fällt dem Simplifizierungszwang zum Opfer.
Sprache und reflektiertes Denken sind dialektisch identisch, darum ist der Verlust von lexikalisch-etymologischem Verständnis und von syntaktisch-gedanklicher Kompositionsfähigkeit gleichbedeutend mit dem Schwinden von intellektueller Distanz, Kritik und Kreativität. Jede Verarmung des sprachlich-gedanklichen Horizonts bedeutet zunehmende Fremdbestimmung und Manipulierbarkeit und einen Verlust von aufklärerisch-autonomer Selbstentfaltung. Der Logos, in seinem komplexen Beziehungsreichtum die Grundlage abendländisch-kulturellen Denkens, wird vehement aus allen Bereichen gesellschaftlicher und menschlich-individueller Weltorientierung ausgetrieben. Dies geschieht mit einer subti-

len strukturellen Gewaltsamkeit, die von jeher allen anti-aufklärerischen und anti-individuellen Repressionstendenzen eigen gewesen ist.
Die Primitivität der degrammatikalisierten *Entertainment-* und *Business-*Sprache hat das gesamte öffentliche, akademische, massenmediale und private Leben okkupiert und die Sprachverwendung wie die Sprachkompetenz auf das grauenhafteste verstümmelt. Sie hat den Zeichencharakter rückläufig-barbarischer Kryptogramme. Der sprachliche Verstehenshorizont wird auf bestimmte fragmentarische *Codes* beschränkt, die nur in ihrem hermetischen Solipsismus noch einen Ansatz von restringierter Bedeutung besitzen. Die gedanklich-semantische Vermittlungsfähigkeit des Logos, welche die abendländische Kulturgeschichte prägte, fällt zurück in die vorzivilisatorische Primitivität eines ikonischen Stammelns, in dem Form und Inhalt noch beziehungsweise wieder unvermittelt sind.
Das aufklärerische Reflexionspotential des abendländischen Logos ist aus dem Sprachgebrauch verbannt worden. An seine Stelle tritt die *Codierung* eindimensionaler Soziolekte, die sich auf dem sprachlich-intellektuellen Niveau kindischer Abzählreime bewegen. Die Fähigkeit, Gespräche zu führen, ist in erschreckendem Maße im Schwinden begriffen. Sie wird gänzlich vom hysterischen Zwang zur Oberflächen-Geschwätzigkeit, zur steril-genormten *Kommunikation* verdrängt.

2.

Das Thema Sprache fristet im Bewußtsein der Öffentlichkeit und ihren Debatten ein gespenstisch-blutleeres Dasein. Von Zeit zu Zeit geistern Klagen über die unbefriedigende Sprachkompetenz der jüngeren Generation durch die Presse und bleiben in unbehaglichen oder gequält satirischen Bemerkungen zum Thema der Anglizismen-Flut stecken. Hierbei bilden die akademisch-linguistischen Beiträge, die offenkundig wissenschaftliche Objektivität mit randständiger Indifferenz verwechseln, keine Ausnahme. Insgesamt wird das Problem über weite Strecken zur litaneihaften Klage über das Überhandnehmen von Anglizismen marginalisiert. Besteht das gesellschaftliche Sprach-Defizit eigentlich eher in der epidemisch um sich greifenden grammatikalisch-orthographischen Inkompetenz, oder ist die Sprachpanscherei mit Anglizismen die Wurzel allen Übels? Alle bemühten Beschreibungs- und Erklärungsansätze konzedieren das erste in schamhafter Indirektheit und stürzen sich dann wortreich auf das zweite, um einen Sündenbock festzuzurren, der letztlich doch die freundlich-beruhigende Maske der Modernisierung und Internationalisierung trägt und dergestalt das Sprachsterben zum vagen gesellschaftlichen *Soft-Skill-Problem* degradiert. Die in der Tat horrende anglizistische Sprachverpanschung, welche unser kommunikatives Miteinander dominiert und letztlich nichts anderes als eine gedankenlose Vergewaltigung eines exakten Englisch wie jeder anderen indoeuropäischen Sprache darstellt, ist lediglich ein sekundäres Moment geistiger Schwächezustände. Sie wiederholt historisch vorgeprägte Eskapismen kultureller Orientierungslosigkeit und versucht sich in ein steril-substanzloses Oberflächengeplänkel zu retten. Das pubertäre *Coolness*-Gehabe – mit seinen Wort- und Satz-Monstrositäten, seinen morphologisch und syntaktisch mit fehlerhaften Anglizismen verschnittenen Brocken – ist im wesentlichen ein reines *Folge*phänomen sprachsoziologischer Natur. *Das weitaus gravierendere, im Grundsatz logisch-intellektuelle Problem der gegenwärtigen gesellschaftlichen Sprach«kultur» ist ihre Unfähigkeit und Unwilligkeit zu reflektiertem Ausdruck, lexikalischer Präzision, syntaktischer Gestaltung und gedanklich-textueller Kohärenz.*

Mit der Tendenz der Debatten um die Gefährdung der deutschen Sprache, sich im subthematischen Folge- und Teilaspekt der Anglizismen-Flut festzubeißen, verhält es sich kaum anders als mit dem oberflächlich bleibenden Zerreden angrenzender sozialer Probleme. Sie verfallen unweigerlich einem naiven monolinearen Kausalitäts-Vorurteil. Wo Phänomene einmal ins Bewußtsein getreten sind, werden sie als Wirkungen interpretiert, für die es eindeutige Ursachen geben muß – was stets gleichbedeutend ist mit dem fragwürdigen Willen, einen fiktiven Schuldigen oder Täter für die Störung eines vermeintlichen Gleichgewichts zu finden.

Friedrich Nietzsche hat die psychologischen Fußangeln und Illusionismen der Kausalität im Alltagsdenken mit unübertrefflicher Brillanz analysiert und demaskiert. Der Wille zur Auffindung und Deklarierung linearer Kausalitäten ist stets von dem Bedürfnis getrieben, verantwortliche Erstbeweger, Täter und möglichst reale «Sündenböcke» zu finden. Die massenmediale Debattierkultur der Gegenwart, in der alle geistigen Ebenen, von der akademischen bis zu derjenigen der Boulevard-Presse, zum schmissigen und infantilen Einheitsformat von *Talk-Shows* und *Quiz*-Ratespielen herabgewürdigt werden, ist diesem simplen psychologischen Mechanismus weitgehend verfallen. Sie ist durch selbstgeschaffene Zwänge der schlagwortartigen Verkürzung unentrinnbar in einem spiralförmig degenerierenden Abwärtszirkel der Selbsteliminierung aller sprachlich-gedanklichen Reflexion gefangen. Selbst ansatzweise kritische Beiträge zur sprachlich-gesellschaftlichen Selbstreflexion werden unweigerlich vom Uniformismus verschluckt.

Fast alle massenmedial repräsentierten *Diskurse* leiden an der selbst aufdiktierten Naivität, das simplifizierte Modell eines virtuellen Lego-Baukastens anstelle der komplexen Architektur realer Zusammenhänge zu setzen. Wie in allen gesellschaftlichen Problemdebatten herrscht in der Diskussion um die Sprache das Prinzip des falschen Rückschlusses, der fiktiven Kausalität und der entlastenden Fremd-Schuldzuweisung vor. Hat der Trend-Mechanismus der omnipräsenten Berieselung und modisch diktierten Meinungslenkung einmal auf das hingewiesen, was ohnehin jeder weiß, daß nämlich die sprachliche Kompetenz der Allgemeinheit sich in einem desaströsen Zustand befindet, müssen hastig die schuldigen Entlastungsfaktoren für die Irritation benannt werden. Die «Verantwortlichen», mit denen man sich mit einem verschwörerischen Schulterklaps augenblicklich wieder ins augenzwinkerische Einvernehmen gesetzt hat, sind schnell benannt: Es sind die modischen Anglizismen, es sind die Computerspiele, die Mobiltelefone, das Fernsehen – es ist die Lesefaulheit unserer Kinder, die Benachteiligung der Mädchen und die Überforderung der Jungen, – es ist die mentale Anspannung, für die man in der *Chill-out*-Ecke des Buchladens das geeignete Entspannungs-Gegengift in zehn Thesen für neunzehn Euro neunzig findet. Die Banalität solcher Kausalzuweisungen entstammt einer undurchdringlichen Verfilzung aus universeller Entmündigung, Deformation des Denkens und der Erstarrung von Formulierungen zu Formeln.

In Wirklichkeit haben Kausalitäten und die lineare Form von Ursachen zuweisungen in gesellschaftlich-politischen, historisch-kulturellen und – im weitesten Sinne – geisteswissenschaftlichen Diskussionen nichts zu suchen. Der Kausalitätsbegriff hat allein in drei Bereichen seinen berechtigten Platz: in der empirischen und der theoretischen Naturwissenschaft, in der erkenntnistheoretischen Grundlagenphilosophie und in der praktischen Philosophie. Jede weitere empirische Verwendung

von Kausalität und Ursachenzuweisung betreibt einen fundamentalen Begriffs-Mißbrauch. Alle massenmedial geführten Debatten – und es gibt heute nur noch solche und keine Gespräche mehr – verfallen qua ihrer reduktionistischen Selbstformatierung unweigerlich der naiven Vorurteilsstruktur monolinearer Ursachenzuweisungen, auch und gerade da, wo sie den Terminus der *Multikausalität* gebenso präponderant wie nichtssagend und unreflektiert im Munde führen. Gesellschaftliche Phänomene und Sachverhaltskomplexe sind eben nicht nach Kausalmustern faßbar und schematisierbar. Sie sind ausschließlich als Ausdruck, als Analogie, als Korrelationen beschreibbar. Aus genau diesem Grunde waren Kunst und Literatur stets jeder theoretischen Zeit- und Gesellschaftsanalyse weit voraus und in intellektueller und ästhetischer Differenziertheit überlegen. Soziologische, sprachkulturelle und ästhetisch-intellektuelle Phänomene sind vor allem unter dem Gesichtspunkt ihrer textuellen Kohärenz, der Verflechtung und Durchdringung von vieldeutigen Ausdrucksformen adäquat analysierbar.
Die in den sozial- und kulturpolitischen Debatten vorherrschende Oberflächen-Strapazierung der empirischen Ursachensuche unter dem Diktat einer schwammigen und argumentativ falsch applizierten Kausalitätskategorie ist gleichermaßen ideologisch verblendet wie naiv. Hierin liegt ein wesentlicher Gesichtspunkt der allerorts zu machenden Beobachtung, daß die Grenze zwischen seriöser Diskussionskultur und populistischem Boulevard-Geschwätz heutzutage verschwimmt und meistenteils längst überschritten ist.

3.

Eine erfreuliche und wegweisende Ausnahme zum Thema Sprachkultur bildete ein von Mathias Schreiber verfaßter Artikel mit der Überschrift «Rettet dem Deutsch. Die Verlotterung der Sprache» in der SPIEGEL-Ausgabe 40/2006, mit «Deutsch for sale» auf dem Titelblatt. Schreibers differenzierte Erörterungen waren und sind seit langem der wichtigste journalistische Beitrag zu einer sporadisch aufköchelnden, erschreckend oberflächlichen Debatte. Außerdem wurde in der ZEIT vom 26. Juli 2007 der thematische Komplex sprachlicher Agonie, insbesondere von Jens Jessen und Josef Joffe, in einer erfrischenden intellektuellen Angriffslustigkeit kritisch behandelt. Jessens richtige Feststellung, daß «die Überflutung mit englischen Wendungen [...] nur ein, wahrscheinlich der kleinste Teil des Problems» sei, ist eine in der öffentlichen Debatte komplett vernachlässigte, in der Fortführung unseres Gedankengangs aber wesentliche argumentative Komponente. Treffend ist auch Joffes grandiose satirische Parodie des zwanghaft grassierenden Unwesens sogenannter *Power-Point*-Präsentationen.

Schreibers Artikel faßt auf knappem Raum die Problematik ins Auge, ohne den Sinn für Relation und Maß zu verlieren und dem Geschrei nach Ursachen und Schuldzuweisungen nachzugeben. Letzteres ist ohnehin nur die hilflos aufgesetzte Demonstration von verordnetem kulturellen Interesse, welches höchstens noch eine sekundäre und höflich-befremdete gesellschaftliche Relevanz besitzt. Denn die Wertschätzung der Sprache sinkt auf der heutigen gesellschaftlichen Werteskala gegen Null – einer Skala, die ohnehin nur noch als das infantile Kasperle-Theater von *Rankings* und *Top-Charts* eine fragwürdige Schattenexistenz kurzfristiger und beliebig reversibler *Trends* fristet.

Der erste Einwand oder Nachtrag zu Schreibers Ausführungen muß leider lauten, daß die Realität noch viel schlimmer aussieht als ihre alles andere als rosige Darstellung. Die von Schreiber thematisierte Vision des Aussterbens der deutschen Sprache ist mehr als eine solche: sie ist längst gesellschaftliche Wirklichkeit. Selbst ein vordergründiger Blick auf die alltägliche Praxis der Sprachverwendung in nahezu allen Bereichen gesellschaftlichen Lebens zeigt, daß erstens die Fähigkeit zu einer grammatisch, orthographisch, lexikalisch und interpunktorisch korrekten Handhabung des Deutschen schlicht gar nicht mehr allgemein vorhanden ist, und daß zweitens die lexikalischen – und inhaltliche Textkohärenz stiftenden – Bedeutungsdimensionen in ihrer Vielfalt zunehmend nicht mehr erfaßt und verstanden werden.

Das Deutsche wird inzwischen nicht allein schlampig, respekt- und gedankenlos, sondern überwiegend falsch geschrieben und gesprochen. Die Verkrüppelung und Verhunzung der Sprache ist kein nachsichtig zu bedauerndes kulturelles Phänomen, welches sich ausschließlich oder auch nur vorwiegend auf der sozialen Bühne sogenannter bildungsferner Schichten abspielte – wie es sich selbsternannte kulturkonservative Wahrer von zitier- und abrufbaren Bildungsschablonen gerne einbilden. Die Einordnung des Sprachverfalls nur in bestimmte Sozialschichten wäre

Ignoranz und Augenwischerei. Goethe als «Goete» zu verschriftlichen und die Frage, ob man schon auf das neue *Call-and-surf-Paket* «umgesteigt» sei, habe ich selbst wiederholt in Kreisen höherer Schulbildung beobachtet. Die omnipräsente Vergewaltigung der Sprache und ihres logisch reflektierten Gebrauchs zieht sich als roter Faden durch alle gesellschaftlichen Schichten und verbal repräsentierten Belange menschlichen Zusammenlebens, vom ringenden Stammeln jugendlicher Vorstadt-*Slangs* bis zu den modischen Manierismen «zeitgemäßer» akademischer *Diskurse* und ihrem eklektizistisch gepanschten Vokabular. Wer immer im Heer der oft selbstgefälligen sentimental-elegischen Sprachbewahrer den Schnodder-Jargon der Jugend beklagt, möge nur die unglaublichen Sprachschlampereien auf akademischer Ebene ins Auge fassen, um zu sehen, wie hoffnungslos die Lage in allen gesellschaftlichen Bereichen ist.
Der Zusammenhang von *Online*-Administration, haarsträubenden Sprachdefiziten und der selbstzerstörerischen Anbiederung von Philologien und Geisteswissenschaften an die geistig und logisch entleerte Ästhetik des *Videoclip* wird in diesem Buch eine gewichtige Rolle spielen. Im übrigen ist diese Abhandlung kein vergnügliches Erbauungsbuch für eine oberflächliche Bildungsbourgeoisie, die ihr plattes Überlegenheitsgefühl und ihre rezeptionspsychologisch befriedigte Arroganz in dem vagen Gefühl bestätigt findet, immer schon gewußt zu haben, daß «der Dativ dem Genitiv sein Tod ist». Bücher dieser Art stumpfen ihre potentielle satirische Spitze von vornherein im falschen Leichtigkeitsgestus der empirisch-statistischen Anbiederung ab, in der suggestiven Lüge, einem eingeweihten Publikum einzuflößen, es besäße ein wahres intellektuelles Leben im falschen. Sie sind narzißtisches Selbstbestäubungs-Parfüm für einen gewaltigen Erosionen unterworfenen Bildungsmittelstand.

4.

Das Sterben der Sprache ist nicht ein marginalisierbares Randgruppenphänomen, sondern eine gesamtgesellschaftlich fortschreitende und forcierte Entwicklung. So stellt beispielsweise der gesamte sozialkommunikativ, also über sprachliche Äußerungskompetenz definierte Arbeitsmarkt ein semantisch gleichgeschaltetes Kartell zur Vergewaltigung und Beseitigung sprachlicher Reflexions- und Artikulationsfähigkeit dar. Schon die für ein Anforderungsprofil relevanten postulatorischen Ausschreibungstexte der Stellenanzeigen geben durchweg die ausschließlich akzeptierte Richtung vor. Basisvoraussetzung dafür, in das Erwerbs- und Arbeitsleben eingegliedert zu werden, ist die Bereitschaft, sich dem vorherrschenden Sprachcodex anzupassen – das heißt: die eigene Muttersprache oder eine andere zu erniedrigen, zu verhöhnen, sie zum lächerlichen Pöbelbelustigungs-*Entertainment* tonangebender Werbestrategen zu degradieren. Sprachdeformation ist der apriorische *Code*, der zur Eingliederung in die Gesellschaft die conditio sine qua non darstellt. Die akademischen, berufsvorbereitenden Sektoren – allerdings gibt es keine Berufe mehr, sondern allein noch *Jobs* –, insbesondere im Bereich der ehemals so genannten Philologien, übernehmen in diesem traurigen Geschäft eine Vorreiterrolle.

Die sprachliche Kompetenz, die lexikalisch-grammatikalische Ausdrucksfähigkeit sowie die orthographisch-interpunktorische Sorgfalt der Äußerungen, die massenhaft den Markt der Geschwätzigkeit überfluten, befinden sich in einer Verfassung, deren Erbärmlichkeit nur Schlimmeres für die Zukunft befürchten läßt. In Firmenlogos und Werbeaufschriften, auf Produktverpackungen und öffentlichen Schildern werden die simpelsten, nicht einmal im syntaktischen Satzverband stehenden Wörter in einer horrend fehlerhaften Schreibweise präsentiert. Selbst einfache grammatikalisch korrekte Sätze sind immer seltener anzutreffen, nicht zuletzt auf den offiziellen *Homepages* von Universitäten, Verwaltungseinrichtungen, Schulen oder Behörden.

Am schlimmsten ist die Tatsache, daß dies niemandem aufzufallen scheint und niemand den für den Kommunikationsprozeß zuständigen Stellen überhaupt die Fehlerinformation weiterzugeben willens und in der Lage zu sein scheint. Ein schwindelerregend hoher Anteil allein aller schriftlich fixierten sprachlichen Äußerungen ist grammatisch und orthographisch schlicht falsch. Zu einem nicht geringen Anteil handelt es sich dabei um Fehler, deren Peinlichkeit einem einigermaßen sprachbegabten Grundschüler die Schamröte ins Gesicht treiben könnte.

Neben den orthographischen Defiziten und der lexikalischen Verarmung befindet sich vor allem die Grammatik – und mit ihr die generelle Handhabungsfähigkeit logischer Beziehungen – in einem desaströsen Zustand. Das Verständnis für Kasus- und Numerusbeziehungen und -kongruenzen ist – neuerdings auch verstärkt in den sogenannten seriösen Informationsmedien – in einem schwindsüchtigen Auflösungszustand begriffen. Die logische Verteilung syntaktischer Positionen wird grundsätzlich nicht mehr verstanden und bewirkt die massenhafte Produktion unlogischer und entstellter Nonsens-Sätze. Die sogenannten *Websites* und *Print*-Formulare von Firmen, staatlichen und privaten Institutionen sind in der Regel durch zahlreiche gravierende grammatische und orthographische Fehler verunstaltet. Ohne Übertreibung läßt sich als empirische Beobachtung festhalten, daß in der vorherrschenden gesellschaftlichen Sprach-Realität der orthographisch-grammatisch korrekte Satz nicht die Regel, sondern eine selten gewordene, schon erfreuliche Ausnahme darstellt. Daß die beschädigte syntaktische Logik des Einzelsatzes sich vernichtend auf die satzübergreifende Gesamtkohärenz und argumentative Logik von komplexeren Texten auswirkt, versteht sich von selbst.

Der in allen beruflichen Sparten, namentlich auf dem als globalisiert gepriesenen wirtschaftlichen Produktions- und Dienstleistungsmarkt, dominierende schlagwortartige Fachjargon marktschreierisch-leerer, grammatisch deformierter Sprachverpanschungen präsentiert ein entsetzliches Bild von sprachlich-intellektueller Verkümmerung und Entmündigung, von pfauenhaft schwafelnder Lächerlichkeit und kultureller Selbstkastration.Unendlich wäre die Liste der peinlichen *Slogans*, mit denen die Gesellschaft ihre sprachlich-intellektuelle Selbstentmündigung, geistige Entleerung und archaisch-primitive Regression verbal forciert.

Aber sogar die wissenschaftlich-universitären Lehrveranstaltungen, die Haus- und Abschlußarbeiten der philologischen Studiengänge vermitteln zumeist ein deprimierendes Bild der rapide verfallenden sprachlichen Basiskompetenzen. Ein fataler Kreislauf, der mit der Tatsache, daß entsprechende Examenskandidaten künftig pädagogisch als Sprachlehrer an höheren Schulen tätig sind, zur kontinuierlichen Abwärtsspirale wird. Daß die Lektüre der sechshundert Seiten von Goethes «Wilhelm Meister» viel zu «langwierig», «langweilig» und «zeitaufwendig» sei, ist keine vereinzelte Klage von zu examinierenden angehenden Deutschlehrern. Der Lehrbetrieb begegnet dieser Einstellung eher verständnisvoll und heimlich oder gar offen applaudierend.

Sprachkultur, hermeneutisches Einfühlungsvermögen und ästhetisch-intellektuelles Reflexionsniveau stehen auf der gesellschaftlichen Werteskala an unterster Stelle. Jede bisweilen zu vernehmende anderslautende

Behauptung ist entweder eine dreiste Lüge oder kurzsichtiger Ausdruck von Verblendung. Die auch hierzulande aus dem Lager des politischen Konservatismus zu hörenden Forderungen nach einer grundgesetzlichen Verankerung des Deutschen als Staats- oder Nationalsprache zielen zwar in die richtige Richtung, aber zugleich wird damit von dem durch keine Verfassungsänderung beherrschbaren Fundamentalproblem mangelnder Sprachkompetenz abgelenkt. Das populistische Geschrei nach deutschen Ausdrücken und Synonymen hat nicht den allergeringsten Sinn dort, wo kein innerer Sinn für grammatikalische Logik und hermeneutisch-vermitteltes Sprachverständnis mehr besteht.

Daß man, ohne Basiskenntnisse in Fremdsprachen zu erwerben, kein wirkliches Verständnis seiner Muttersprache besitzt, haben schon Goethe und Humboldt erkannt und formuliert – und einige Denker vor ihnen. Es ist genau die Einbeziehung solcher humanistischer Tradition, die gegenwärtig nicht nur vernachlässigt, sondern vom konformistischen *Mainstream* phraseologisch-isolierter Rede-Normierung mit Füßen getreten wird. Wo das kindische Kasperle-Theater global formatierter Oberflächen-*Codes* alles verbal-semantische Geschehen bestimmt, wird man nicht per Dekret das Museumsrelikt deutschen Tiefsinns missionarisch aktivieren können. Der in der Tat wunderbare und faszinierende Tiefsinn der deutschen Sprache hat den ähnlichen und besonderen Qualitäten anderer Sprachen weder etwas voraus noch steht er diesen nach.

Nahezu jeder heute typische gesellschaftliche Sprachgebrauch steht unter dem Diktat des semantischen, grammatisch-logischen, morphologischen und lexikalischen Reduktionismus und Uniformismus. Die kommerziell gezüchtete Zwangsneurose lächerlichster Sprachverpanschungen, syntaktischer Verstümmelungen und anglizistisch verschnittener Wortungetüme ist nichts anderes als der Ausdruck geistiger Impotenz. Dabei faßt diese Entwicklung geradezu Merkmale eines perversen Willens zur kulturellen Selbstzerstörung in sich zusammen.

George Orwells literarische Horrorvision des «Newspeak» in seinem Roman «1984», die größtmögliche funktionalistische Reduzierung der Sprache, erhebt im Zeitalter der elektronischen *Vernetzung* und *Globalisierung* nicht nur im flotten Mode-Jargon der totalen Oberflächlichkeit ihr schamloses Haupt – sie ist längst das sprachlich realisierte «Ideal» einer ästhetisch und intellektuell sterilisierten Gesellschaft. Ihre paradigmatische und strukturell gewalttätige Primitivität charakterisiert das dominante, zutiefst intolerante Gesetz einer uniformierten und *vernetzten* globalen Einheits-Kultur: die Ausschaltung sprachlich-intellektueller Reflexion durch die Abschaffung distinkten Sprachgebrauchs, des Logos.

5.

Mathias Schreibers erwähnter SPIEGEL-Beitrag macht den Verlust des sprachlichen Reichtums und seiner gedanklichen Durchdringung an sorgfältig ausgewerteten Einzelbeobachtungen fest und kennt sichtlich den gesamtgesellschaftlichen Zusammenhang der benannten defizitären Phänomene. Das begrüßenswerte geistige Ethos der Argumentation geht von einem sozialen Konsens aus, der sprachlich-gedankliche Differenziertheit und Argumentationsfähigkeit als oberste Werte einer aufgeklärten gesellschaftlichen Kultur ansetzt. Genau darum muß Schreiber in einer grotesken Diskrepanz von Soll und Haben den Blick auf den umgreifenden geistig-materiellen Gesamtzusammenhang des Phänomens des Sterbens der Sprache verlieren. Die statistischen demoskopischen Daten, welche der Mehrheit der Bevölkerung ein Bewußtsein für Wert und Wichtigkeit sprachlicher Artikulationsfähigkeit zusprechen sollen, sind von herzlich geringer Belegkraft, da ihre Aussagefähigkeit – wie bei allen oberflächlichen *Multiple-Choice-* und ähnlichen demoskopischen Fragestellungen – bezüglich des reflektierten Problembewußtseins gegen Null tendiert. Was völlig ausgeblendet bleibt, ist die Tatsache, daß die mentale Befindlichkeit der Gesellschaft vehement und rapide dahin tendiert, sich geistig überhaupt nicht mehr in einer sprachlichen Verfaßtheit selbst zu begreifen.

Mit sprachlicher Verfaßtheit meine ich folgendes: Sprache bewegt und realisiert sich in Begriffen, sie ist ein syntaktisch strukturiertes Beziehungsgefüge, reflektierter Logos – sie ist nicht ein System von *Codierungen*, zu dem Strukturalismus, System- und Diskurstheorie sie desorganisieren wollen. Codierte Phrasen dominieren gegenwärtig den gesellschaftlichen Sprachgebrauch nahezu völlig und werfen so drei Jahrtausende einer vom Logos geprägten Geistes- und Kulturgeschichte auf den Müllhaufen eines der Gegenwart entfremdeten, von der unterhaltungssüchtigen Pop-Kultur geprägten Kuriositäten-Museums.

Anders ausgedrückt, verwechselt Schreibers Artikel, wie jede andere wohlmeinende Debatte zur Situation der Sprache, ein Reminiszenz-Ideal mit der korrektiven, ideellen musealen Strahlkraft desselben. Man hält höflicherweise an der kulturhistorisch sich bequem in wichtigtuerische Sonntagsreden zur europäischen Aufklärung bettenden Chimäre fest, daß strukturierter und differenzierter Sprachgebrauch nach wie vor ein gesellschaftlich regulatives Ideal wäre, welches es anzustreben und zu verfolgen gälte. Dies ist aber de facto längst eine fahrlässige Realitätsverkennung. Die Reaktionen, die nicht zuletzt in Form einiger süffiger Leserbriefe Schreibers Artikel folgten und sich auf den nichtssagenden Aspekt angeblicher Übertreibung bringen lassen, indizieren symptomatisch das deprimierende Gegenteil. Die Problemlage ist viel gravierender als dargestellt, weil sie schon im Grundsatz gar nicht mehr verstanden wird. Die politische Unbequemlichkeit der heruntergespielten Argumente wird komplett ignoriert und verdrängt, ihre Aussage stößt auf taube Ohren, weil sie unzeitgemäß am klassisch-humanistischen Sprachkonzept wenigstens partiell festhält. Das kulturpolitische Ethos wird als rühriger Anachronismus belächelt, als geistig ehrenwerte Absurdität einer idealischen Don-Quixoterie.

Die aggressive Sprachzerstörung, die funktionalistisch-reduktionistische «Kultur» der Austreibung des Logos, das plebejisch-massenmediale Ideal der Geschmacklosigkeit und des Banausentums stellen längst die maßgeblichen gesellschaftlich-mentalen Direktiven dar. Jeder Protest und Einspruch muß absurd sein, weil alles Nicht-Absurde längst zum Bestandteil der Nivellierungsmaschinerie der geistigen Verhökerung von allem und jedem geworden ist.

Wenn Schreiber von einer «paranoiden Lust der Deutschen an der Vernachlässigung und Vergröberung des eigenen Idioms» spricht, so ist dem ebenso zuzustimmen wie der noch viel wichtigeren Feststellung, daß sich dieses destruktive und degenerative Phänomen nicht allein auf die saloppen Jargons der sogenannten Jugendsprache beschränkt, sondern für alle sozialen Schichten und Bereiche zutrifft. Dies gilt genauso für den – spontan wohl am anderen Ende einer groben Skala in Sachen Niveau und Differenziertheit anzusiedelnden – akademischen Jargon der Geistes-, Kultur- und Sozialwissenschaften und seine modisch-manirierte Verwendung inhaltlich entleerter Termini und Floskeln. Es gibt kaum Unterschiede zu den Verhältnissen in Jura, BWL und den Ingenieursfächern. Gerade in ihren ähnlich terminologisch-phrasenhaften Überstrapazierungen und affektiert-bedeutungsheischenden, semantisch inflationierten Begriffsverwendungen gleicht die heutige Wissenschaftssprache durchaus dem Jugendjargon. Zunehmend äfft sie *Trends* nach, deren Entstehungsherd im Dunklen liegt, und es ist müßig und fruchtlos zu spekulieren, welcher Bereich – der umgangssprachliche oder der akademische – sich primär als nachahmend oder nachgeahmt zeigt.

Für den auch gesellschaftliche Maßstäbe setzenden akademischen Sektor, von dem ein höheres Maß an selbstkritischer Kompetenz und Bereitschaft zu verlangen ist, muß gesagt werden, daß es aus stilistischen, ästhetischen und intellektuellen Gründen unerträglich ist, wenn peinlich-geschmacklose Ausdrücke wie *Evaluation*, *Qualitätsmanagement* oder gar *Knowledge-Management*, *Workload* (für den studentischen Stundenplan) oder – um dem Unfug die Narrenkrone aufzusetzen – *Sound Studies* (für Musikwissenschaft) ungerührt und mit stupider Häufigkeit verwendet werden. Dies sind nihilistische Vorboten der brutalen pekuniären Herrschaft.

Alles in allem ist die gegenwärtig mit Vehemenz vorangetriebene Abschaffung der akademischen Philologien zugunsten eines angeblich *interdisziplinären*, eng normierten und semantisch verarmten Oberflächen- und Einheits-Jargons der sogenannten *Kulturwissenschaften* auf Wissenschaftsebene das primäre Indiz einer intellektuellen Bankrotterklärung der Geisteswissenschaften und ihrer primitiven Anbiederung an den gesellschaftlichen *Mainstream* sprachlich-geistiger Selbstverstümmelung. (Hierauf kommt das Schlußkapitel dieses Buches zu sprechen.)

Wenn nicht die alarmierende Richtung der verbalen Dehumanisierung dergestalt unverbrämt ihr lexikalisch-grammatisch dementes Haupt erhöbe, würde es sich erübrigen, eigens auf dem betriebswirtschaftlichen Primitiv-Jargon entsprungene – und in hündisch-blindem Gehorsam wörtlich oder sinngemäß auch in die Geisteswissenschaften übernommene – Begriffe wie *Humankapital* und *Humanressourcen* zu verweisen. Die vom Boulevard über das praktische Arbeitsleben bis in die akademischen Etagen führende Spur der Sprachverstümmelung bewirkt nicht allein einen verheerenden Primitivismus verkürzten Denkens. Der Reduktionismus gepanschter Schlagwort-Festlegung bedeutet grundsätzlich eine Dehumanisierung und Entindividualisierung. Seiner primitiven Minimalsemantik nach unterscheidet ein Terminus wie *Human Resource Management* sich in nichts von dem zu Recht zum Unwort des abgelaufenen Jahrhunderts erklärten Begriff *Menschenmaterial*. Die intellektuelle Verkümmerung der Sprache zum barbarischen «Newspeak»-*Code* geht als fundamentalistischer Kahlschlag gegen jede an der Wurzel ausgerottete kritische Reflexion Hand in Hand mit der verbalen Vernichtung der Menschenwürde, mit der sprachlichen Degradierung lebendiger Individuen zu toten materiellen Objekten ökonomisch-anonymer Verfügungsgewalt.

Daß, nach Schreibers und anderer Kritiker Ausführungen, Mobiltelefone und Computer «Medien» und «Mitursachen» des sprachlichen Verfalls seien, ist eine evidente und lediglich allzu gelinde formulierte Selbstverständlichkeit, welche einer genaueren kritischen Interpretation bedarf. Wie würde unsere argumentative Situation aussehen, wenn der sich im syntaktisch verkrüppelten Schlagwort-Jargon elektronisch *vernetzter Kommunikations*-Praxis äußernde sprachliche Verfall nicht selbst ursächliche Bewegungskraft wäre? Und in der Tat wird dem lächerlichen Theater der Sprachvergewaltigung mit dieser Hypothese zu viel autonome Energie zugestanden. Wie, wenn das Sprachsterben nicht ausschließlich, aber größtenteils ein sekundäres Verfallssymptom eines schwächelnden und erkrankten gesellschaftlich-kulturellen Willens zu stilistisch und gedanklich differenzierter Ausdruckskraft darstellte?

Die Frage ist nicht eindeutig zu beantworten, aber sie muß gestellt werden, weil sie so noch nicht gestellt wurde – außer von Nietzsche, der sie vor weit über hundert Jahren in einem mannigfach unterschiedenen Kontext aufwarf. Ein erkrankter und geschwächter Wille zu individueller wie gesellschaftlicher Selbstbestimmung und kultureller Stilbildung flüchtet sich in eben die Symptome dieser Erkrankung und Erlahmung. Die Bürde der aufklärerischen Aufgabe des – nach Kant – «Ausgangs aus der selbstverschuldeten Unmündigkeit» will abgeschüttelt werden. Eine technokratisch ferngesteuerte und entmündigte Gesellschaft setzt ihre eigene vitale Schwäche und kulturelle Lähmung in einer sich selbst verzehrenden und befeuernden Abwärtsspirale dem Konsum gedanklich reduzierter und uniformierter Schablonen und dem massenmedialen Berieselungsterror aus, um des mühseligen aufklärerischen Auftrags autonomer Selbstbestimmung ledig zu werden. Für Horkheimer und Adorno ist die Dialektik der Aufklärung nicht eine nur auf eine bestimmte geschichtliche Phase zu beziehende Erscheinungsweise der Vernunft, sondern ein sich in der logozentrisch geprägten geistigen Geschichte des Abendlandes wiederholendes Phänomen. Heute tendiert gesellschaftliche Aufklärung – beziehungsweises das, was nach dem verflachenden Gerede über *Diskurse* davon noch übrig bleibt – zur radikalstmöglichen Selbstaufhebung. Was noch als sperriger Rest oder Überschuß dialektischen Denkens des Widerspruchs störend auf der Wegstrecke der Totalnivellierung stehen könnte, wird mit leerer dezenter Freundlichkeit als Nostalgie belächelt.

Daß «nicht einmal die gehobene Schriftsprache» (Schreiber) mehr den Anforderungen grammatikalischer Korrektheit und Ausdruckspräzision genügt, ist eine rührselige Untertreibung. Der Schluder- und Schnodder-Jargon, die syntaktische und lexikalische Vergewaltigung des Deutschen (wie auch des Englischen in seiner fehlerhaft verpanschten Assimilation) ist in der geschriebenen so gut wie in der gesprochenen Sprache Alltag. In erdrückend zahlreichen Bereichen des Alltagslebens sind grammatisch, orthographisch und interpunktorisch fehlerfreie Sätze, von der stilistisch heiklen Vermittlung problematisch-komplexer Sachverhalte einmal abgesehen, kaum noch anzutreffen. Entweder sind die durchschnittlichen Sprachverwender und ihre Korrekturleser des Deutschen nicht mehr mächtig, oder aber, was noch wahrscheinlicher und plausibler ist, es wird generell gar kein Wert mehr auf richtiges Deutsch gelegt.

Gemäß diesem *Trend* landen beispielsweise Germanisten nach ihrem Studium häufig in sogenannten *Online*- und *Marketing*-Tätigkeiten, beim Fernsehen und seiner konsequenten Primitivst-Verlumpung der Sprache (die Unterschiede zwischen seriösen und kommerziellen Sendeanstalten nivellieren sich zusehends auf unterstem Niveau), biedern eine flotte Sprachverhunzung auf *Websites*, in der Werbebranche und Internetportalen an, fischen also mit einem Wort gerade in denjenigen Bereichen im Trüben, in denen die deutsche wie jede andere Sprache systematisch zerstört und vergewaltigt wird.

Dieser Sprachverfall ist zugleich eine Selbstzerstörung der Vernunft. In Zeiten der massenmedialen Hochgeschwindigkeits-Verfügbarkeit von stündlichen *Ad-hoc-Informationen* zu jedem möglichen Thema entwickelt sich eine geistige Fast-Food-Kultur, eine Analphabetisierung des gesamten öffentlichen und privaten Lebens. War akademisches Denken ehemals noch begriffliche Nicht-Domestizierbarkeit, so hat es sich heute unter dem gewalttätigen Diktat des Tatsächlichen zur Abschaffung der akademischen Freiheit in Forschung und Lehre bereitgefunden.

Die erpresserische Einführung der *Bachelor*-Studiengänge zielt für Germanisten exakt darauf, die deutsche Sprache und Literaturgeschichte nicht etwa gedanklich-ästhetisch zu vermitteln, sondern das Deutsche zum reduktionistisch verschnittenen «Newspeak»-Slang, zum *Videoclip-Event* und zum seichten *Entertainment* herabzustufen. Das fragwürdige «Ideal der Comic-Sprechblase» (Mathias Schreiber) ist realiter längst als solches etabliert. «Ideal» bedeutet seiner griechischen Etymologie nach «Form». Als desolate Vergessenheit von Form, Stil und Geschmack realisiert es sich heutzutage in seiner unfreiwillig-parodistischen Selbstaufhebung, als Perfektionismus der reinen und leeren Form: als semantisch entleerter Uniformismus der *Medien- und Informationsgesellschaft* und deren geistiger Selbstkastration. Die «gespenstische Abwärtsdynamik» von «Verkürzung, Vergröberung, Vereinfachung» (Schreiber) ist nicht verwunderlich, sondern liegt in der irrationalen Pseudo-Logik einer *Vernetzung*, deren Gehalt nicht verstanden wird und nicht verstanden werden kann, weil ihr Wesen die Austreibung des Logos, das gewaltsame Zerreißen der sprachlichen Vermittlung von Form und Inhalt ist.

Logos und Syntax

1.

Die Verknüpfung von Wissen, Information und *medialer* Darbietung existiert nicht an sich, ebensowenig wie einst in der Metaphysik die Wahrheit unabhängig von einem sie vermittelnden und in subjektiver Aneignungstätigkeit zur Sprache bringenden Bewußtsein existierte. Daß ein syntaktisch – über einen oder mehrere Sätze – verteilter Bedeutungskomplex überhaupt Sinn ergeben kann, erfordert ein denkendes Subjekt, das Informationseinheiten aufnimmt und verknüpft. Nicht anders sah dies die scholastische Philosophie des Mittelalters, die «Wahrheit» als «adaequatio rei et intellectus» definierte, also letztlich eines diese Angleichung beobachtenden und auswertenden Subjekts bedurfte. Der «Ort» der von jeher problematischen Reflexion über Wahrheit, Sinn und Gehalt ist in der abendländischen Kulturgeschichte der Logos gewesen. Das griechische Wort «Logos» (λόγος) bedeutet nicht nur «Wort», «Sprache» oder (in historisierender Modifikation) «Wissenschaft», sondern auch «Urteil», «Sinn», «Lehre», «Aussage», «Verhandlung», «Erklärung», «Verhältnis», «Berechnung» oder «Vernunft».

In jedem Falle ist also eine sprachlich repräsentierte Vorstellungskonfiguration, eine gedankliche Beziehungskonstellation, nicht ein isolierter lexikalischer Torso gemeint.

Inhaltliche Bedeutung ist nicht ein einfaches Zeigen, welches zum Teil auch durch nonverbale Gesten ersetzbar wäre. Bedeutung entsteht erst aus einer vermittelnd-vermittelten, also syntaktischen Korrelation von sprachlichen Elementen. Deren Verhältnishaftigkeit ist eine semantisch offene, darum aber nicht weniger präzise Schwebe von Aussagekörper, Sinn und Gemeintem. Die gleichzeitige Offenheit und Distinktion inhaltlich-formaler semantischer Korrelationen wird in philosophischer Terminologie als «Diskursivität» der Sprache ausgedrückt. Sie ist die fundamentale Basis kritisch-reflektierten und ergo logischen Denkens. Sprache und Logos sind nicht ein eindimensionales Zeigen, sondern immer schon der gedanklich mehrdimensionale Zusammenhang, die Syntax sprachlicher, logisch-struktureller Vermittlung.

Die modern-modische *Vernetzung* nur scheinbar *interaktiver*, tatsächlich aber solipsistischer und sinnentleerter Informationen zerstört nicht nur Zeitlichkeit und Geschichtlichkeit, sondern zugleich auch jede wirkliche Logik, die doch die Auszeichnung des Menschen sein sollte, der in selbstverständig-selbstverständlicher Abgrenzung zu Tier, Pflanze und anorganischer Materie «den Logos hat». Der Logos, der die Besonderheit der menschlichen Existenz allererst konstituiert, ist nur über die in sich vermittelte Verhältnishaftigkeit seiner nicht auf atomistische Bestandteile reduziblen Strukturen und korrelativen Bezüge erfahrbar, realisierbar und kommunizierbar. Die *vernetzte Medien- und Informationsgesellschaft* bietet jedoch ausschließlich isolierte Bruchstücke einer *codierten* Kommunikation, die mit dem Logos und ergo dessen Logik nur noch wenig zu tun hat. Ihre strukturelle und inhaltliche Primitivität ist die zum solipsistischen *Icon* verstümmelte Kastration der Sprache und des reflektierten Gedankens in der abendländischen Zivilisation.
«Logos» meint hingegen stets eine in sich vermittelte gedankliche Beziehung. Genau dieses hermeneutische In-sich-Reflektiertsein mannigfacher Vermittlungen wird in der vorgeblichen Logik universell *vernetzter Informiertheit* durch eine Projektion von reinen Additionen eliminiert. So wenig aber die bloße Summation von Informationen einen Sinn oder eine kohärente Bedeutung ausmacht, so wenig wird ein Mensch Selbst-, Welt- und Lebenserfahrung oder überhaupt auch nur irgendeine «Be-Deutung» aus der abstrakten und vereinzelten Indikationsfunktion elektronisch vernetzter Daten gewinnen.
Der blamable Aberglaube zeitgenössischer, die historisch-intellektuelle Tiefe der Geisteswissenschaften ausrottender sogenannter *Medien- und Kulturwissenschaftler*, ihre angeblich neuen Theorien stellten im Sinne des *Hyperlink* neue kognitive Dimensionen zur Verfügung, ist Ausdruck einer fatalen infantilen Regression. Man könnte pubertären Überspanntheiten dieser Art mit einem nachsichtig-wohlwollenden Lächeln begegnen, wenn nicht ihr aggressiver Usurpationsdrang die Ausbreitung unreflektiert-gleichgeschalteten Denkens vehement beförderte.
Jegliche kritisch-gedankliche Dialektik wird durch modisch-terminologischen («strukturalistisch» genannten) Verarmungs- und Einheitszwang unterdrückt, semantisch verarmt und von *codiertem* «Newspeak-Slang» durchsetzt. Nirgends wird das literarisch-philologische Denken gewalt-

samer ideologisch gleichgeschaltet als in den neueren Philologien und der Philosophie. In ihnen verkommt die hermeneutische Kritik zum pseudostrukturalistischen stumpfen Nachbeten bildchengesättigter *Power-Point*-Vorträge. (Dazu weiteres im Schlußkapitel dieses Buches.)

2.

Die (uni)formalistische, nur scheinbare *mediale Vernetzung* ist ihrem innersten Wesen nach a-logisch und unterscheidet sich nicht im geringsten von der boomenden Trivialkultur esoterischer Scharlatanerie, die in populärpsychologischer Schwammigkeit jegliche Begriffsdifferenzierung überschwätzt und überkleistert. Die «Kultur» der *Informationsvernetzung* unterscheidet sich nur unwesentlich von der Bauernfängerei populistisch-esoterischer Schwärmereien, seien diese materiell-immanenten oder religiös-transzendenten Charakters. Die Uniformierungsdiktatur der angeblich pluralistischen *Medien- und Informationsgesellschaft* wie die Spielarten des Fanatismus religiös-sektiererischen Wesens speisen sich aus einer identischen Wurzel.

In der ökonomisch durchkalkulierten Diktatur des Banausentums, die das Individuum zu hündischem Gehorsam gegenüber dem Trend abrichtet, fallen die scheinbar gegenläufigen Tendenzen von haltlos-abstrakter Schwärmerei und blindem Schein-Empirismus über dem gemeinsamen Nenner der Ignoranz des Logos zusammen. Sie sind vor allem in dem Sinne realiter identisch, daß die jeweils vorherrschende Tendenz ohne objektivierbaren Übergang die nur scheinbar entgegengesetzte unweigerlich auf den Plan ruft. Sowohl die vordergründige Rationalität der ökonomisch-funktionellen Datenverknüpfung als auch die mystisch-irrationale Scharlatanerie verwaschen-spiritueller Esoterik sind komplementäre Seiten eines Negativs, dessen Positiv nie ausmachbar gewesen ist. Die fanatisierte Laien-Sektiererei aller großen Weltreligionen gehört zur hysterischen Überfüllung der existentiellen Sinnfrage ebenso dazu wie der profan-materialistische Schwachsinn des säkularen *Life-Coaching*.

Das papageiisch-äffische Nachgeplapper von seriell identisch reproduzierbaren Inhalten, welches die *Medien- und Informationsgesellschaft* vollständig bestimmt, hat vor allem ihr angeblich innovatives Konzept von «Bildung» usurpiert. Sein zwangsneurotischer Wiederholungscharakter, die Repetition von Worten ohne verständlichen und vermittelten Gehalt, entspricht strukturell wesentlich demjenigen, was schon der gebildete antike Grieche unter «Barbarei» verstand. Man kennt die Etymologie des Begriffs «Barbar». Als mechanische Verdoppelung eines bedeutungslosen Phonems, eines bloßen Lauts, ist er onomatopoetisch, stellt die parodistisch-lautmalerische Nachbildung bedeutungslosen Gestammels dar, etwa im Sinne des deutschen «Blabla». Der Barbar ist für den gebildeten antiken Griechen jemand, der des Griechischen, ergo der bedeutungsstiftenden Vermittlung von Form und Inhalt durch den Logos, nicht mächtig ist. Die Horizont-Erweiterung des neuzeitlichen Geschichtsverständnisses hat dieses zu Recht als elitäre Beschränkung relativierte Ptolemäertum zu einem universalen Bildungshumanismus der Übersetzung und Vermittlung ausgeweitet. Dagegen unternimmt die gegenwärtige *vernetzte Informations-Globalisierung* alle Anstrengungen, in materieller und geistiger Selbstentfremdung den barbarischen Status des sprachlich-kulturellen «Blabla» zurückzuerobern.

Lassen sich schon über neunzig Prozent der maßstabsetzenden öffentlichen und privaten *Kommunikation* untröstlich-getrost über dem gemeinsamen Nenner des barbarischen Geschwätzes zusammenfassen, bleibt doch der Schwachsinn der digitalen Signalvernetzung nicht einmal dabei stehen. An die Stelle des «Blabla», welches noch als eine Art sprachlichen Nachstammelns gelten mag, setzt er das nicht nur asemantische, sondern darüber hinaus noch aphonematische *Düdeldüt* von allgegenwärtigen Geräten wie Mobiltelefonen, Computern und Kassen-Scannern. Das *Düdeldüt* und seine kindischen Varianten sind heute das von aller Bedeutung befreite Signal und Fanal jeglichen gesellschaftlichen und individuellen (Re-)Agierens. Die *globalisierte* und *medial vernetzte* Gesellschaft ist in ihrem öffentlichen wie privaten Bewußtsein und Handeln weitgehend auf die Reaktivität gegenüber einem aphonematisch-distinktionslosen elektronischen Signal beschränkt, dem quasi militärischen, universalen Imperativ des Zeitalters. Die Diktatur der *Vernetzung* wirft die *globalisierte* Menschheit noch weit hinter den präzivilisatorisch-kulturellen Stand zurück, den die alten Griechen als «barbarisch» verstanden.

Die schon 1947 in den gleichnamigen philosophischen Fragmenten von Adorno und Horkheimer diagnostizierte «Dialektik der Aufklärung» hat sich, die pessimistischen Prognosen der Autoren überflügelnd, sogar noch als Problem eliminiert, indem sie sich in der stumpfsinnig rituellen Selbsthypnose des *Düdeldüt* von jeglichem Inhalt gelöst hat. Die *medialisierte* und *informierte* Gesellschaft hat in vorauseilendem Gehorsam das düstere Menetekel der Koinzidenz von technischem Fortschritt und archaisch-barbarischem Primitivismus noch übertroffen. *Düdeldüt* ist das alles und nichts signalisierende Banner des kulturellen, ästhetischen und intellektuellen Niveaus der zum globalen Schwachsinn *vernetzten* und digitalisierten *Medien- und Informationsgesellschaft* und ihrer angeblich *globalen Kommunikations*kompetenz.

Der Vorwurf der kommerziell und selbstzerstörend gesteuerten Auszehrung des Logos ist weder ein polemischer Geratewohl-Vorstoß in die Komplexität gesamtgesellschaftlicher Entwicklungen noch ein subjektiv-übertriebenes Sich-Aufhängen an Einzelfällen kultureller Dekadenz. Dieser Vorwurf gründet sich vielmehr auf die Beobachtung vorherrschender Strukturen gesellschaftlicher Wirklichkeitsdarstellung und -bewältigung sowie deren zahlreiche und zugleich uniforme Äußerungen. Die Interdependenz von historischen und synchronen Faktoren beim Aufzeigen sozialer Befindlichkeiten ist deskriptiver Sachbestand und dessen Analyse in einem.

Die *vernetzte Wissens- und Informationsgesellschaft* bewerkstelligt ihre *globalisierte* Ausrichtung mittels einer regressiv-radikalen Selbstbeschneidung zu primitiven Archaismen der Weltorientierung. Wesentliche Faktoren der symbolischen Selbststerilisierung sind die rigorose Beschneidung ursprünglicher Raum-Zeit-Erfahrungen und der sie mit Sinn erfüllenden Logik der hermeneutischen Erfahrungsstrukturierung durch die kohärente Vermittlung von Vernunft- und Verstandesleistungen. Das menschliche Selbstbewußtsein und seine Erlebnisfähigkeit werden auf einen minimalistisch beschränkten Denk-, Erfahrungs- und Reflexionshorizont hin beschnitten. Die ursprünglich «ekstatische» (Heidegger) Offenheit menschlicher Daseinserfahrung wird auf eine statische Fläche begrenzt, deren tiefstehendes Niveau ihren sinnfälligsten Ausdruck in der Primitivst-Semiotik der fast alle Handlungen bestimmenden optischen *Display*-Schatten und dem akustischen Reaktions- und Abrichtungssignal der digitalen *Düdeldüt*-Varianten findet. Die monotone Einkerkerung des menschlichen Welthorizonts bedeutet im übertragenen und wörtlichen Sinne die Kastration der Erlebnis- und Orientierungsfähigkeit des nur noch scheinbar-abstrakt existierenden Individuums.

3.

Im geschäftig-geschäftsmäßigen kulturellen Zerfallsprozeß der Austreibung des Logos bilden lärmende ästhetische Geschmacklosigkeit und das stille Dahinsiechen der sprachlich-intellektuellen Kompetenzen eine unentwirrbare Mischung von Strömungen rationaler Selbstvergessenheit. Der innere Zusammenhang von ästhetischen und sprachlich-intellektuellen Bezügen ist nicht allein historisch und empirisch beschreibbar, sondern auch etymologisch in der Sprache selbst vorzufinden: als semantisch identische Verwurzelung der Begriffe «Syntax» und «Takt». Die prinzipielle Verschwisterung von rationalem, intelligiblem und ästhetischem Urteilsvermögen theoretisch dargelegt zu haben, ist in der Moderne insbesondere als das Verdienst Kants, Schillers und Gadamers zu würdigen. Ohne auf einzelne philosophische Konzeptionen einzugehen, ist hervorzuheben, daß sprachliche «Syntax» respektive Grammatik mit dem logisch strukturierten «Takt» der Manifestation, Anordnung und formalen Distinktion von Gedanken identisch ist. Ähnlich bedeutet Takt in der Metrik und in der Musik, sowie im übertragenen Sinne im ästhetischen Geschmacksurteil, ein apriorisches Moment der vermittelnd-vermittelten Konstitution von Sinn und Bedeutung überhaupt.
Im oberflächlich lärmenden Zirkus *medialer* Vernetzung, *Globalisierung* und nivellierender *Informierung* stirbt mit dem Gespür für Takt auch das für Syntax – und umgekehrt. Der leere Absolutismus veräußerlichter, primitiver Oberflächen-*Codes* schafft Syntax und Semantik der Sprache ab, er amputiert ihre vieldeutig-offene Referentialität zugunsten der leeren Form und verstümmelt ihre logische Form zu wenigen additiven Minimal-Referenzen. Die die Sprache und ihre Bedeutsamkeit konstituierende Durchdringung von Form und Inhalt entartet zum referenzlosen Echo, zum sinnentfremdeten tautologischen Papageiengeplapper.
Das kommerzielle Angebot der allgegenwärtigen Bilderflut vernebelt und vernichtet die sprachliche Syntax und den kompositorischen Takt der aus logisch-kreativer Einbildungskraft heraus geschaffenen Anordnung semantisch bedeutsamer Elemente. Die reine Äußerlichkeit der Bilderflut verbarrikadiert den Weg zu einer kritischen Subjektivität. Die künstliche Synchronizität der *Hyperlink-Vernetzung* versperrt die existentiellen Verstehensdimensionen des zeitlich-hermeneutischen Vor- und Rückblicks und somit die kritisch-selbstreflexive Zirkularität des Verstehens

und seines beobachtenden Sich-selbst-Verstehens überhaupt. Dieses bei Lichte besehen einfache Faktum ist die diffuse Haupttendenz der totalen ästhetischen und intellektuellen Debilität in der *vernetzten Medien- und Informationsgesellschaft*. Die Tilgungen gedanklicher Differenzierungen, sprachlicher Artikulationsvielfalt und ästhetisch-intellektueller Distinktion gehen Hand in Hand. Insgesamt ist diese Tendenz Ausdruck eines kollektiv fremdbestimmten Scheinwillens, einer in physischer wie psychischer Hinsicht zu deutenden Ermüdung des menschlichen Antriebs zu kultureller Selbstbestimmung. Diese Ermüdung mündet schließlich in einen perversen Zwang und Drang zur menschlichen Selbstverkleinerung, insbesondere in den Entwürdigungen der menschlichen Gestalt zu infantilen Selbstkarikaturen in Computerspiel-Figuren, Comics und anderen bizarren Geschmacklosigkeiten. Das heutige Gleiten in die anonyme und wesensmäßig alogische Fremdbestimmtheit ist nur noch partiell und pathologisch-symptomatisch beschreibbar.

Daß Takt, Rhythmus und Musikalität von durch sie erst gegliederten und mit Sinn erfüllten syntaktisch-sprachlichen Relationen in der Praxis der *Informations*-Zerstückelung verlorengehen, äußert sich in allen gesellschaftlichen Bereichen und Bildungsschichten. Hier ist vor allem an die allgegenwärtigen katastrophalen grammatischen Fehler zu denken, welche die Sprache als Gesamtsystem und -organismus entstellen und nicht die korrigierbare Ausnahme, sondern den dominierenden Normalfall darstellen.

Im gesamten öffentlichen und privaten Sprachgebrauch befinden sich neben der Unfähigkeit zu korrekter Orthographie und sinngenauer Interpunktion alle morphosyntaktisch-grammatikalischen Erfordernisse der Sprachstrukturierung in einem desolaten, eigentlich längst unrettbaren Zustand: Kasus- und Numeruskongruenz, die praktische Handhabung von Flexionskategorien, von der syntaktisch-logischen Subordinierung von Teilphrasen und dem sachgemäßen Gebrauch der Tempora und Modi ganz zu schweigen. Hier hilft die pausenlos beschworene *Vernetzung* nicht im geringsten. (Näheres im folgenden Kapitel.)

Die – vornehmlich elektronisch-digitale – *Vernetzung* bedeutet gerade den Verlust an syntaktisch-gedanklicher Vermittlung und hermeneutischer Verwobenheit. Eine triviale Oberflächen-Addition verdrängt jede durchstrukturierte sprachliche und ästhetisch-reflexive Textur. Dabei wäre die Behauptung, der computerisierte Autismus fragmentierter Informationspartikel wäre die Ursache des Verlusts an sprachlich-gestaltender Potenz, ebenso falsch wie diejenige, die rigide Selbstunterwerfung des Lebens unter die elektronische Kalkulation wäre selbst die Folge nachlassender sprachlicher Gestaltungskraft. Beide Momente sind korrelativer Ausdruck eines rapiden geistigen, vitalen und kulturellen Verfalls. Insgesamt sind der Verlust stilbildender Fähigkeiten, das Unvermögen und mehr noch der träge Unwille zur logisch-textuellen Inbezugsetzung vom Ganzen und seinen Teilen Symptome des kulturellen Niedergangs.

4.

Jede ernstzunehmende selbstkritische, kulturtheoretisch-denkerische Anstrengung des zwanzigsten Jahrhunderts ist sich der Unüberschaubarkeit, Fragmentierung und unaufhebbaren Spezialisierung aller modernen Lebenszusammenhänge bewußt. Dies gilt für jede künstlerische, philosophische oder sprach- und wissenschaftstheoretische Deutung. Selbst die radikalsten inhaltlichen und formalen «dekonstruktivistischen» Bemühungen, die historisch ein Jahrhundert von Nietzsche bis Derrida umfassen, ergeben sich dezidiert aus der dialektischen Spannung von Teil und Ganzem, Einzelnem und Allgemeinem.

Die heutzutage tonangebende *mediale Informationsvernetzung* allerdings hat jede fruchtbare dialektische Spannung und Vermittlung zur unreflektierten Addition isolierter Fragmente nivelliert. Selbst ihre «Daten-Positivität» ist in Anführungszeichen zu setzen, da für sie auch das philosophische Problem des Gesetzten oder Gegebenen auf dem Haufen des Virtuellen eingeebnet und abgeschafft worden ist. *Intermediale Informationsvernetzung* bedeutet die *global* expandierte und entleerte Austreibung der abendländischen Tradition des reflektierten Logos, den Rückfall in voraufklärerische Fremdbestimmung, unkritische Autoritätshörigkeit, und zwar durch die *Informierung* des Subjekts und die erbärmlich formvergessene Verarmung gesellschaftlicher Sprachkultur.

Die Eliminierung reflektierter und sprachlich-logisch vermittelter Syntax, von Takt, Rhythmus und zugleich semantisch offener wie formal distinkter logischer Bestimmtheit ist das Unwesen *vernetzter Informationen*. Ihre gedanklich-semantische Armut besteht in der nihilistischen Total-Negation von Bedeutung, in der geistlosen Monotonie additiver, identisch formalisierter Aneinanderreihungen, im psychotischen Charakter unablässiger Wiederholungen. Die *medial vernetzte Informationsgesellschaft* realisiert mit selbstherrlichem Reklamepomp die Orwellsche «Newspeak»-Utopie der Abschaffung des Logos, indem sie mit den syntaktisch-logischen Beziehungen zugleich den ganzen Bedeutungs-Horizont der Sprache vernichtet und sie zum primitiven *Code* erniedrigt. Jeder angeblich *vernetzte Hyperlink* ist ein isolierter, zufällig auftauchender Fundpartikel, ein Zufallsgegenstand. *Links* sind gleichförmiges Treib- und Schwemmgut.

Der *vernetzte* Mensch, heute selbst der akademisch gebildete, ist ästhetisch und intellektuell so primitiv und eindimensional, wie kein Marcuse es in seinen pessimistischsten Träumen antizipieren konnte. Die degrammatikalisierte Veräußerlichung seines Sprechens und Denkens beschränkt ihn auf wenige passivische Reize an funktionalen Rändern. Er ist der hündisch abgerichtete Menschentypus synchronen *Multi-Taskings*, das unverschleiert intendierte virtuelle Homunculus- und Züchtungsideal der *medial vernetzten Informationsgesellschaft*.

5.

Es bedarf an dieser Stelle noch eines Wortes zur herrschenden kindischen Manier anglizistischer Sprachverpanschungen. Fernab von jedem nationalchauvinistischen Dünkel ist zu den toxischen Anglizismen zu sagen, daß sie eine bloße augenfällige Eisbergspitze der albern-pubertären Vergewaltigung des Logos und der Syntax auf allen Ebenen des gegenwärtigen europäischen Sprachmißbrauchs darstellen. In der reduktionistischen Normierung und semantischen Uniformierung durch ihren technokratisch nivellierten Gebrauch gleicht die englische Sprache in der globalisierten Welt in fataler Weise dem «Zauberlehrling» aus Goethes berühmter Ballade. Weil er die Geister, die er rief und mit denen er trotz ihrer Unbotmäßigkeit einst auch kommunizierte, nicht mehr los wird, muß er sie in eine hermetische Flasche rückverbannen, aus der zu trinken die Menschheit nicht mehr genug geistige Vitalität aufbringt.

Der in ihrer gesamten morphologischen Struktur und Satz-Grammatik verwurzelte Pragmatismus der englischen Sprache, ihre empirisch-gegenständliche Präzision, welche metaphysisch-idealistischen Höhenflügen in der Geistes-, Literatur- und Wissenschaftsgeschichte stets die nüchternrationale korrektive Waage hielt, hat seinen fruchtbaren und richtungsbestimmenden Niederschlag in der angelsächsischen Philosophie und Wissenschaftstheorie gefunden. Gerade als antipodisches Korrelat zum romanischen Formbewußtsein und zur deutschen Metaphysik ist sie unabdingbarer und wesentlicher Bestandteil einer gesamteuropäischen Vermittlung geistig-aufklärerischer Ideen. Jeder in der Geschichte abendländisch-philosophischer Gedankengänge einigermaßen Geschulte weiß von der verblüffenden Luzidität, die englischsprachige Erläuterungen und Interpretationen sowie Übersetzungen aus lateinischer, deutscher oder aus romanischen Sprachen dem «Gemeinten» zu verleihen vermögen. Der gegenständliche Pragmatismus der englischen Sprache ist gleichsam das unentbehrliche empirische Fundament der abendländischen Wissenschaftsdiskussion, dessen tektonisch veranschaulichende Kraft nicht zuletzt in einem semantisch filigran differenzierten lexikalischen Reichtum besteht.

Die anglizistischen Sprachverpanschungen der gegenwärtig vorherrschenden, infantilisierten Funktions-*Sprachen*, die nicht mehr als auf eindimensionale Oberflächen-*Codes* hin verschnittene semiotische Primitiv-Ikonologien darstellen, verstümmeln den Möglichkeitshorizont aller dergestalt verwursteten Sprachen. Die morphologischen, syntaktischen und semantischen Tiefendimensionen und -strukturen der vom flotten, frivolen und dümmlichen Zerstörungswerk betroffenen Sprachen sind im gegenwärtigen Sprachbewußtsein und der *interaktiven* (verbum horrendum!) kommunikativen Sprachpraxis des gesellschaftlichen «Betriebs» weitgehend verlorengegangen. Dafür, daß sie nicht einmal mehr als historisch-künstlerisch zu wahrende Kontinuität Bezug zur Gegenwart behalten, sorgt der akademische Betrieb in neoliberal-speichelleckerischem Vorausgehorsam, indem er die philologische und ästhetisch-künstlerische Beschäftigung mit der Sprache rigide aus seinem Aufgabenbereich streicht.

Kulturwissenschaften, *Intermedialität* und *interdisziplinäre Vernetzung* sind einige der präponderanten und inhaltsleeren Schlagworte für den schlecht kaschierten Rückfall der Geisteswissenschaften in einen naiven Positivismus, welcher den akademisch vorauslaufenden Garanten und Antreiber der gesamtgesellschaftlichen Austreibung des Logos darstellt. Die gesamteuropäische Tradition reflexiver Sprachkritik wird durch kindische, ideologisch fermentierte semiotische Primitiv-*Codes* ersetzt. Die *globalisierte* anglizistische Sprachverpanschung höhlt sowohl den sprachlichen Reichtum der betroffenen Sprachen als auch denjenigen des Englischen in seiner internationalen Wahrnehmung aus, indem gerade durch diesen Mißbrauch die verwendeten Fragmente zu Abfallprodukten des Englischen entwertet werden. Die semantische und syntaktische Primitiv-Panscherei mit Anglizismen beraubt jede europäische Sprache ihrer Transparenz und Tiefenstruktur sowie ihrer logischen Vermittlungsfähigkeit.

Die mit größter gesellschaftlicher Vehemenz vorangetriebene Austreibung des Logos manifestiert sich besonders schauderhaft im Kleinreden und Entwerten der erzieherischen Bedeutung der klassischen Philologien. Es mag gerade noch angehen, daß die Pflicht zum Erlernen des Altgriechischen auf spezielle akademische Fachbereiche beschränkt wird. Doch die in immer frecherer und gedankenlos-salopperer Modemäuligkeit in der Arena bildungspolitischen Geschwätzes aufgetischte These, der Latein-Erwerb sei anachronistisch und unnötig, ist in ihrer ganzen barbarischen Oberflächlichkeit ebenso töricht wie leider symptomatisch für den heutigen Total-Verfall des kulturellen Bewußtseins. Das Erlernen des Lateinischen ist in fundamentaler logischer, kategorialer und struktureller Hinsicht unabdingbar für eine wissenschaftlich-konzeptuelle höhere Bildung im Sinne der Pflege und des Verständnisses abendländischer Geistes- und Wissenschaftsgeschichte.

Die intentionale Stoßrichtung der geforderten Eliminierung des Lateinischen liegt aber klar zutage: Sprache und Kommunikation sollen auf die isolationistisch-additive Parataxe monodimensionaler Informationen reduziert werden. Flächig bei- und nebenordnende, semantisch nivellierende Datenkumuli sollen an die Stelle logisch komplexer Sinnbeziehungen treten. Der sprachliche Reduktionismus ist analoges Sinnbild eines funktional sich prostituierenden Konzepts einer zur *Fitness* der Oberfläche korrumpierten, reflexionslosen Wissenschaft. Daß mit dem Schwinden des Verständnisses für die kompositorischen syntaktischen Kohärenzen grammatikalischer Logik auch der Sinn für ein ideologieresistentes, kritisch-reflektiertes Denken verlorengeht, wird mit klammheimlichem Lächeln billigend in Kauf genommen.

Logische Vermittlung wird durch additive *Vernetzung* verdrängt. Wer heutzutage ohne Vorkenntnis des Lateinischen eine romanische Sprache (oder auch die englische) erlernt, eignet sich im sturen Auswendig-Pauken ein

lexikalisches Arsenal (nebst umgangssprachlicher morphosyntaktischer Wendungen und Floskeln) in einer oberflächlichen Additions-Prozedur an, welche ihm den etymologisch-diachronen Blick auf die semantisch-syntaktischen logischen Wurzeln vorenthält (zumal nur noch mit computerisierten *slots and fillers* gelernt wird). Das vermittelnd-vermittelte, synchrone wie diachrone Verständnis für Syntax und Logik des Logos entschwindet ins ausgeblendet-verdunkelte Abseits. Das dezidiert sinnlose *Multiple-Choice*-Prinzip von *Flexible-Response*-Alternativen ersetzt die «natürlichen Bande» (Goethe) hermeneutischer «Systole» und «Diastole». Das Papageiengeplapper massenmedialer *Quiz-Shows* usurpiert den historisch flüchtigen kulturellen Platz eines aufklärerischen, vermittelnd-vermittelten Bildungs-Konzepts autonomer Individualität.
Fremdsprachenerwerb wie Muttersprachenreflexion, die ohnehin eine dialektische Einheit bilden, zielen heutzutage ausschließlich auf den gedankenleeren reduktionistischen Endpunkt eines primitivistisch-funktionalen «Newspeak» im Sinne der Orwellschen Horrorvision ab. Da Sprache und (logisches) Denken identisch sind, mutiert das asyntaktisch verstümmelte, *interlingual* verpanschte und lexikalisch katastrophal reduzierte Schlagwort-Englisch der *globalisierten Vernetzung* zur bedeutungsleeren und kindisch-grotesken Signifikantenkette des kastrierten Logos.

6.

Öffentliche und private Äußerungen, die auffallend und maßlos viele Superlative gebrauchen, sind ein untrügliches Zeichen verarmender intellektueller, vitaler und ästhetischer Gestaltungskraft. Die zeitgenössische Sprachrealität mit ihrer krankhaften Übersteigerungs- und Aushöhlungstendenz repräsentiert nahezu ausschließlich die Blähung eines solchen Hohlkörpers. Die lügnerisch-inflationäre Verwendung von Superlativen zeigt seismographisch eine herrschende Entwertung von sprachlichem Gehalt und gedanklicher Durchdringung, die Zerstörung der dialektischen Vermittlung von Form und Inhalt zugunsten eines formalisierten Spiels solipsistischer Signifikanten. Sie überschminkt ihre geistige und vitale Impotenz, ihre Unfähigkeit und Unwilligkeit zu authentischer Stilfindung und -bildung. Als Träger pathologischer Hyperbolik sind die *vernetzten Massenmedien* Ausdruck und Katalysator der geistig-vitalen Verarmung und Selbststerilisierung der Gesellschaft.

Wenn hier von der Übertreibungs-«Tendenz» die Rede ist, so würde zeitgemäß noch besser der viel und wenig besagende Anglizismus des *Trends* passen. Der «Trend» bezeichnet eine Bewegung, deren Vollzug und Motivation durch einen passivischen Hang zu einer fremdbestimmten Richtung, ein Strömen in eine solche vorgezeichnet ist. Im alltäglichen vergeblichen Haschen nach Schein-Befriedigungen werden menschliche Individuen zur post-individuellen Identität verschmolzen und nivelliert. In der anonymen Allmacht des *Trends* ist ihre Eigenheit zugleich mit der distinkten Kraft sprachlich reflektierter Vermittlung ausgelöscht.

Der *Trend* und seine kalkulierte A-Logik des richtungslosen Gerichtetseins bestehen, sozialpsychologisch gesehen, in der «freiwilligen» Prostitution des Einzelnen an den ökonomischen Kreislauf der inhaltlichen Leere – aber unter der unerbittlich mit Ausgrenzung drohenden Knute eines anonymen Zuhälter-Kollektivs, welches die *globalisierte* Gesellschaft als ganze ist.

Beispielsweise beim soziologischen Typus des *Yuppy* ist jeder Ansatz zur Individualität von vornherein eliminiert: der gleichmacherische *Trend* reproduziert lediglich endlos die bloße Form des Neuen bar jeden Inhalts. Jeder Keim zu echter inhaltlicher Neuerung unterliegt dem strikten Ausgrenzungsverdikt des Anachronistisch-Unzeitgemäßen. Die heuchlerische Kaschierung dieses geistigen Stillstands erfolgt, indem er mit dem in seinem Sinn pervertierten, ahistorisch zurechtgebogenen Modewort der «Innovation» etikettiert wird.

Im *Trend* als dem subjektlos bestimmenden Movens gesellschaftlicher Entwicklungen sind in makabrer Perfektion die klassischen Antinomien von Freiheit und Determination, Individuum und Kollektiv, Fortschreiten und Bewahrung, empirischer Psychologie und normativem Soll sowie von Form und Inhalt nahezu eingeebnet. Die Herrschaft des *Trends* hat alle gesellschaftlichen Bereiche erfaßt und totalitär durchdrungen, seien es Politik, Alltag, Freizeit, der akademische Betrieb oder die sogenannte künstlerisch-intellektuelle Öffentlichkeit, ganz zu schweigen von der endlosen Selbstreproduktion des *medialen* Dauer-Geplappers in seiner *casting-gerechten* Gute-Laune-Miene.

Die herrischen Elemente subjektiver wie objektiver Fremdbestimmung sind vampirisch, zehren von der unterworfenen Wirklichkeit. Ihr oberstes Bestreben ist die Niederreißung der vermittelnden Brücke zwischen

Form und Inhalt, also die Vernichtung der produktiven individuellen Einbildungskraft.

Produktive Einbildungskraft speist sich aus konstitutiven und reflektierenden Momenten; beide im Verein machen das Wesen und die sprachliche, vermittelnd-vermittelte anthropologische Erschlossenheit im Verhältnis von Mensch und Welt aus. Die von *Trends* bevormundete zeitgemäße Weltbestimmung tendiert allen ihren Äußerungsformen nach zur Tilgung von Inhalt, Sinn und Bedeutung, indem sie die Differenz von Form und Inhalt durch formalisierte und fremdbestimmte virtuelle Moventia aufzuheben trachtet und dies in hohem Maße bereits vollbracht hat. In der sprachlich-gedanklichen Artikulation des öffentlichen und privaten Lebens – letzteres übrigens eine längst in Bedrängnis geratene politische Unterscheidung im alten demokratisch-republikanischen Individualitätsdenken – lassen sich Tendenz und *Trend* als veloziferisch forcierte Gestimmtheiten zur aggressiven Beförderung einer gesamtgesellschaftlichen Analphabetisierung feststellen.

7.

Einen sehr wichtigen, wenn auch nicht übermäßig zu veranschlagenden Stellenwert für unser Thema hat im *medial* diktierten und vorgekauten öffentlichen *Diskurs* die sogenannte «PISA»-Debatte, die von Beginn an nichts anderes war als eine makabre, zu gegebener Zeit die Hysterie der *globalisierten* Gesellschaft am Pranger ihrer hausgemachten Selbstdemütigung vorführende Bloßstellung dessen, was alle längst hätten wissen können und müssen. Schon der aus einer Abkürzung abgeleitete Titel der Studie bedeutet eine Verhöhnung. Er verkörpert die Lust an der sprachlichen Selbstverstümmelung und das schlechte Gewissen der Halbgebildeten, die sich metaphorisch über die abschüssige Bahn eines schiefen Turms bewegen, während das Fundament ihrer Orientierung, der abendländische Logos, bereits zerlöchert ist.

Die Ergebnisse und Darlegungen der dergestalt ins Vage und Ungreifbare entschwundenen Studie fordern mit bierernster Eindringlichkeit einen gründlichen Muttersprachenerwerb in allen Lebens- und Bildungsstufen: eine makabre Farce, welche die Tatsache verschleiert, daß die kritisch reflektierte Kompetenz sprachlich figurierender Einbildungskraft schlechthin nicht mehr erwünscht ist. Der extreme idiomatische Reduktionismus, die grammatikalische Fehlerhaftigkeit und die kreative Verarmung der «Administratoren» der Bildungspolitik, schlecht kaschiert durch nichtssagenden rhetorischen Schmiß, stellen nicht mehr dar als eine klägliche Nippes-Fassade, welche die eigentliche Zielbewegung des öffentlichen Sprachgebrauchs mehr peinlich als schlecht verbirgt. Die massen*medial* inszenierte Schlampigkeit im Umgang mit der Sprache – die Rede- und Schreibpraxis in den sogenannten intellektuellen und seriösen Beiträgen keineswegs ausgenommen – ist eigentlich die nahezu unverhohlene, marktschreierisch empfohlene Nachäffung fescher Sorglosigkeit im Umgang mit der Sprache, die *globale* Anpeilung einer *Kommunikation* der Zukunft, welche in der Abschaffung differenzierten Sprachgebrauchs und wirklicher Gespräche besteht. Schon heute werden gründliche Gespräche und geistige Reifungsprozesse zum lästigen Störfaktor eines zügellosen Neoliberalismus diffamiert.

Die herrschende Tendenz zur Entwertung und semantischen Entleerung der Sprache wird auf zwei wesentliche Arten mißachtet und verdeckt: erstens, indem sie als Material und Funktionszirkel des indifferenten gesellschaftlichen Betriebs inflationär überladen und damit ihres eigentlichen Potentials beraubt wird; zweitens, indem durch diese Verdeckungsstrategie komplex vermittelte, reflektierte und in ihrer Struktur selbsttransparente Gedankengänge durch ihr sprachliches Medium selbst nach und nach deflationär eliminiert werden. Inflation und Deflation der sprachlichen Kultur sind gleichzeitig auftretende und interdependente Phänomene, welche das Absinken des geistigen Niveaus der Gesellschaft mit dem prästabilierten Zielpunkt der Eliminierung distinkt-vermittelter Sprache als geistig-kultureller Träger- und Vermittlungssubstanz ausmachen.

Zur inflationären Entwertung der Sprache wurde schon einiges bemerkt. Ihr Grundnenner läßt sich gleichermaßen banal wie präzise als öffentliche Diktatur des leeren Geschwätzes beschreiben. Das leere Geschwätz ist nicht irgendeine fragwürdig unterhaltsame Zugabe zum gesellschaftlichen *Diskurs*, die sich besseren Willens ignorieren ließe, sondern es ist die universelle Manifestation des totalitären Anpassungszwangs, der jede mit gedanklich reflektiertem Gehalt «verunreinigte» Abweichung unerbittlich mit Ausgrenzung und Diskriminierung sanktioniert. Die Sprachpraxis der *medialen Informations- und Entertainment-Gesellschaft* stellt eine universale Verdeckungs- und Verkleisterungsstrategie dar, die in dem semantisch leeren Modeschlagwort *Kommunikation* und dem noch schlimmeren Mode-Präfix «Inter-» zum Ausdruck kommt. Es ist dringender denn je vonnöten, den erbarmungswürdigen Zustand der gesellschaftlichen Sprachpflege und -kompetenz zu benennen.

Unter der gauklerischen Zirkusmagie von Begriffen wie *Vernetzung, Kommunikation, Information, Medialität, Trans- und Inter*-Irgendetwas, und nicht zuletzt *Entertainment*, erstickt die Gesellschaft sich selbst in einem Berg von allgegenwärtigem Signifikantenmüll. Dieses intellektuelle Niveau treibt jedem aufgeweckten und mit guter Jugendliteratur nicht unvertrauten Kind die Schamröte ins Gesicht. Nichts ist Kindern peinvoller als die von ihnen durchschaute intellektuelle Inferiorität Erwachsener.

Die *mediale* Kommunikations- und Berieselungsgesellschaft weiß den potentiell decouvrierenden Spiegel kindlicher Hellsichtigkeit, den Spiegel ihres ästhetischen, moralischen und humanistisch-intellektuellen Versagens mit ihren Waffen der Uniformierung und Nivellierung zu seiner traurigen Erblindung zu zwingen. Innerhalb kürzester Zeit wird die strukturierungswillige und -bedürftige Einbildungskraft Heranwachsender – und selbstverständlich sind ja alle Menschen stets und in allen Lebensphasen geistig Heranwachsende – durch Unterhaltungsindustrie und Informationstechnologie in die einförmige, ganz passivisch-rezeptive Stromlinienförmigkeit des virtuell angeblich real Bestehenden eingezwängt. Die Grenzen zwischen der angeblich pluralistischen Steuerung des digitalisierten Informationsflusses und der Zirkulierung des monomanischen Bild- und Sprachmülls in der boulevardesken Unterhaltungs- und *Lifestyle*-Industrie sind nicht etwa fließend, sondern tatsächlich nicht vorhanden.

Der Aspekt der *Globalisierung*, welcher die angeblich *vernetzte Unterhaltungs-, Wissens- und Informationsgesellschaft* im flächig-eindimensionierten Sinne der Uniformierung tatsächlich kennzeichnet, besteht keineswegs, wie fälschlich und erpresserisch zum Ausverkauf preisgegeben, in irgendeinem aufklärerisch-universellen Kosmopolitismus von Kultur oder von Ökonomie, sondern in erster Linie in einem sprachlichen Reduktionismus, welcher in der falschen Vorspiegelung universaler Kommunizierbarkeit die semantische und geistige Total-Nivellierung der Sprache betreibt und *global* kommerzialisiert.

8.

Soweit das Thema Sprache in den letzten Jahren überhaupt in die öffentliche Wahrnehmung drang und zur Diskussion gelangte, geschah dies bezeichnenderweise in erster Linie in der Debatte um die sogenannte «Rechtschreibreform». Diese Pseudo-Reform war weitgehend törichter Aktionismus, der alle Merkmale eines Schildbürgerstreichs aufweist. Natürlich soll an dieser Stelle nicht das zähe und langwierige Pro und Contra zum «Reformwerk» im ganzen und in seinen einzelnen Bestimmungen wiedergekäut werden. Wir wollen uns mit der Akzentuierung weniger Kritikpunkte begnügen.

Haupteinwand ist, daß die unsinnig geänderten Schreibvorschriften sprachwidrige und widersprüchliche Manipulationen der schriftsprachlichen Fixierungsregeln sind. Allzuviele der Pseudo-Regeln betreffen Aspekte, die weder staatlich noch orthographisch zu erfassen sind, etwa das alberne Verbot, «Du» in Briefen mit großem Anfangsbuchstaben zu schreiben. Die groteske Diskrepanz zwischen künstlich aufgeblähtem Aufwand und marginalen Resultaten lenkt auf der eskapistischen Ebene von Wichtigtuern und Möchtegern-Veränderern durch bevormundende, wenngleich von keinem Parlament ratifizierte oder auch nur diskutierte «Normierungen» von den sozialempirisch-deskriptiv auszumachenden, wirklich relevanten Problemen sprachlicher (In-)Kompetenzen und verbreiteter geistiger Desorientierung ab.

Alles in allem stellt das gescheiterte «Reformwerk» kaum mehr dar als den Ausdruck einer verblendeten Reformierungs-Wut, einer gleichsam autistischen akademischen Beschäftigungstherapie unter dem Diktat eines zeitgemäßen abstrakten Begriffs-Götzen, nämlich demjenigen der «Reform um der Reform willen», einer hervorstechenden Spielart des hysterisch-aktionistischen System- und Administrationszwangs, der im Zeichen der *Vernetzung* gedankliche Vermittlung und Tiefe zu ersetzen bestrebt ist.

Allerdings haben die an der eigenen Untauglichkeit und Widersprüchlichkeit erstickten, größtenteils chaotischen «Resultate» dieses Schildbürgerstreichs alles andere als unwichtige fatale Nebeneffekte. Vor allem ist hier der ungehemmte Ausbruch der Anarchie im Bereich der Interpunktion zu nennen. Zeichensetzung, vor allem Kommasetzung, ist mitnichten sekundäres sprachliches Beiwerk, sondern ein Herzstück logischer

Sinnstrukturierung. Hier wird die diffuse Unklarheit der sprachdeformierenden «Reform»-Regeln faktisch als Freibrief zur völligen Beliebigkeit mißverstanden. Die verwaschenen Neuformulierungen der interpunktorischen Regeln verdecken das fundamentale sozialempirische Problem der zunehmenden Verständnislosigkeit gegenüber sprachlogisch differenzierten Sinnbeziehungen, der Über-, Unter- und Beiordnung, sowie der semantisch-logischen syntaktischen Positionsbeziehungen wie Kausalität, Finalität, Konzessivität, Modalität undsoweiter. In der Realität alltäglichen Sprachgebrauchs, in dem sich die Schreiber durch verkomplizierte statt vereinfachte Interpunktionsregeln verwirrt fühlen, führt das unsachgemäße Schielen auf die falsch rückübertragene Interpunktion der englischen Sprache immer mehr zu Sätzen nach dem Muster «Die Frau, ging über die Straße obwohl ein Auto kam».

Im Bereich der Wortkomposition gehen durch die Manipulationen der Getrennt- und Zusammenschreibung morphosyntaktisch unterschiedlicher Sprachelemente ganze Bedeutungsnuancen verloren, wie etwa zwischen «wohlgelungen» und «wohl gelungen» oder zwischen «biertrinkender Student» und «Bier trinkender Student». Im gleichen Zuge werden die Nachvollziehbarkeit und Aneignung komplexer kreativer Wortschöpfungen wie beispielsweise von Goethe, Hölderlin oder Thomas Mann erheblich erschwert und semantisch verfälscht. Darüber hinaus bewirkt die uneinheitliche Systematik der Assimilation oder Nichtassimilation von Fremdwörtern an das Regelwerk des Deutschen gravierende Verzerrungen und Entstellungen des systematischen wie des sprachhistorisch-diachronen Aspekts der Begriffsetymologie, welche wesentlicher Bestandteil des semantischen Spektrums einer Sprache ist.

Schließlich ist im alltäglichen Sprachgebrauch laufend festzustellen, daß die – scheinbar verständlich-nachvollziehbare – Regel, das Graphem «ß» nach einem – aber für Dialektsprecher wie Ausländer gar nicht klar identifizierbaren! – «Kurzvokal» durch «ss» zu ersetzen, de facto im Alltag eben nicht zu einer folgerichtigen Differenzierung, sondern zur unbekümmerten Nivellierung führt. Überdies wird die nur bei Kenntnis der klassischen, in den Schulen gar nicht mehr gelehrten Rechtschreibung verständliche und anwendbare Regel, das «ß» nach «kurzem» Vokal zu ersetzen, dahingehend mißverstanden, daß immer nach «Kurzvokal» neuerdings «ss» zu schreiben sei: «Zeugniss» ist eine – korrekte! – Folge dieser Unsinns-

regel, denn wie bei tausenden anderen Wörtern mit der Endung «-nis» ist das vorangehende «i» ja nicht «lang».
Auf der anderen Seite wird nun tagtäglich millionenfach «Strasse» statt (Langvokal!) «Straße» geschrieben – ein Wort, das vor dem mißglückten Reformversuch praktisch niemals falsch geschrieben wurde. Jetzt bahnt sich die allmähliche Abschaffung des deutschen Graphems «ß» an. Dadurch wird beim Lesen die Erkennbarkeit der Silbengrenzen folgenschwer verringert, bei der erzwungenen Schreibung «sss» wie in «Schlusssequenz» fast zunichte gemacht (!) und bei «Nachlasserwerbung» der Unterschied zu «Nachlaßerwerbung» geradezu verboten!
Die angebliche Rechtschreibreform war und ist ein aufdringliches, von selbsternannten «Experten» geleitetes und verblendetes Intermezzo, ein Vollzugsorgan im Prozeß der Austreibung des Logos, der Ersetzung von logischer Vermittlung durch nivellierend-uniformierende *Vernetzung*.
Diese im ganzen unsinnige Pseudo-Reform war im wesentlichen ein Täuschungsmanöver, welches durch kleinkrämerische Diskussionen um relativ unwichtige sprachlich-orthographische Varianten einer seit 100 Jahren funktionierenden Rechtschreibung von den wirklich gravierenden Überlebensschwierigkeiten der deutschen Sprache ablenkte – und teilweise auch diesem Zweck dienen sollte. Sie ist und war nichts anderes als ein unfreiwilliger Schildbürgerstreich, der kaum mehr bewirkt hat, als daß sich den orthographischen Unsicherheiten weitere grammatikalische zugesellt haben, daß aufgrund an den Haaren herbeigezogener, staatlich verordneter Kapriolen selbst Lehrer verwirrt endgültig die schriftliche Verstümmelung der deutschen Sprache befestigen und weitergeben, wenn sie statt einem «schülerorientierten Unterricht» einen «Schüler orientierten Unterricht» einfordern. Daran schließt sich ein Beispiel aus der Zeitung an: «Der Zug fährt mit Behinderten gerechter Toilette.»

Vermittlung versus Vernetzung

1.

Der Begriff «Vernetzung» wird mit einer Häufigkeit verwendet, die längst seine inflationäre semantische Leere anzeigen sollte. Niemand scheint fähig zu sein, die groteske Trivialität seines metaphorischen Gebrauchs wahrzunehmen und beim Namen zu nennen. Als Metapher könnte er unbefangen im Sinne komplexer Verwobenheit von semantischen Dimensionen, im Sinne bildlicher Korrelation von «Textil» und «Text», materiellem Stoff und geistigem Gehalt, verstanden werden. Gerade dies aber ist im grundfalschen vorherrschenden Gebrauch und Verständnis des Ausdrucks nicht der Fall, noch weniger beim englischen Wort «web». «Netz», «web» und «Vernetzung» im Sinne der elektronischen Datenverbindung bedeuten nichts anderes als ein akkumulatives Nebeneinander von Daten, von Informationen, wie sie schon immer ihren Platz und Gebrauchswert in konventionellen Nachschlagewerken hatten. Wirkliche «Vernetzung» hat von jeher nur stattgefunden in der subjektiven Aneignungstätigkeit geistig vermittelnder Subjekte. Diese kritische Selbstreflexion ist heute verlorengegangen. Eine überbordende Informationsvielfalt bleibt solipsistisch-zerstreut, erlangt niemals den Status des «Wissens», wenn sie sich nicht auf die hermeneutische Anstrengung des Gesprächs zwischen Ich und Anderem, zwischen Ich und Gegenstand einläßt.

Der metaphorische Begriff «Vernetzung» ist dermaßen verfälscht und verbraucht, daß in den folgenden Ausführungen nur die philosophisch grundsätzlichere Bezeichnung «Vermittlung» als Gegenbegriff syntaktisch-kompositorischer Verwobenheit dienen kann. Vermittlung meint den sprachlich-hermeneutischen Vor- und Rückbezug sprachlich-syntaktischer Elemente, den dialektischen sprachlichen Wechselbezug des Ganzen und seiner Teile, den intellektuellen Gegenpol zur primitiv und falsch verstandenen Metapher der *Vernetzung*.

2.

Die logische Vermittlung und Stiftung von Anknüpfung, Bedeutung und Sinn durch Sprache, welche das historisch konstitutive und treibende

Moment der vom Logos geprägten aufklärerischen Neuzeit war, wird vom Informationsfluß und Bilderstrom der Gegenwart leergespült. Das massenmediale digitale Bombardement mit – allein aufgrund ihrer Geschwindigkeit – unzusammenhängenden Bildern und *Informationen* entkleidet sämtliche sinn- und bedeutungstragenden Sprachelemente ihres potentiell übertragend-brückenschlagenden Charakters. Information uniformiert, weil sie die Deutungs-Offenheit semantischer Vorstellungskonfigurationen beseitigt. Das mit «Information» fälschlich gleichgesetzte Wissen – und, noch haarsträubender, das damit gleichgeschaltete Konzept von «Bildung», welches einst seine geistesgeschichtliche Laufbahn als Träger liberaler, kritisch-aufklärerischer und humanistisch-emanzipatorischer Befreiung von Ideologien und Fremdbestimmungen antrat –, sind selbst zum uniformistischen Diktat einer bedeutungsleeren Zwangsidentität von allem und jedem geworden. Die propagandistisch zu Tode zitierten zeitgemäßen Schlagworte von *Wissen*, *Information* und *medialer Vernetzung* sind die Siegel des Eunuchen-Exils des Logos und der Vernunft.

Der wahllos-sinnlose Überfrachtungs-Gebrauch des zur masturbatorischen Selbstbeweihräucherung verkommenen Terminus «Diskurs» kann pars pro toto für die Entfremdung privaten wie öffentlichen Sprechens und Schreibens von wirklichen und substantiellen Bedeutungen gelten. Der private und öffentliche *Diskurs* stellt mittlerweile nur noch die zweifelhafte «Synthese» der formalen und inhaltlichen Konstituenten von Sprache als formelhaft *codierte* Sinnentleerung dar. Sprache – in ihrem erblindeten theoretischen Selbstverständnis und ihrem fremdbestimmten praktischen Gebrauch – zielt heutzutage konsequent auf ihre eigene Selbstabschaffung, auf die Analphabetisierung der sie «gebrauchenden» Subjekte hin. *Diskurs* und *Information* bedeuten im Zeitalter der *Vernetzung* nicht Sichtung und Vermittlung von Mannigfaltigem zwecks Bildung und Horizonterweiterung, sondern brutale Nivellierung, den grotesken Selbstmord der Sprache und des Logos.

Die gegenwärtige Diktatur der *massenmedialen Wissens- und Informationsgesellschaft* schafft mit der Nivellierung von Form und Inhalt jegliche geschmacklich-ästhetische und methodisch-intellektuelle Distinktion ab. Sie verfrachtet die gesamte Welt in die symbolblinde Bedeutungslosigkeit des uniformistischen «Seinesgleichen» (Robert Musil). Sie verstümmelt das kreative Potential der menschlichen Einbildungskraft, indem sie alles Wünschen und Wollen auf die niedrigsten Begierden virtueller Pöbelbelustigung mittels *Coaching*, *Profiling* und *Managing* reduziert. Sie verwandelt mit der aufwendig pekuniär bewerkstelligten Dauer-Aufforderung zum Zeit umbringenden, gedankenlosen Gaffen das Publikum in ein passives Objekt des seichten und brutalen *Entertainments.* Sie sanktioniert die Idee eines «anderen» Lebens jenseits der Lüge und der Oberflächlichkeit mit subtilen Mechanismen der Ausgrenzung. Sie hat die über lange Zeit gezüchtete Verdummung, die Trugempfindung des «guten Gewissens» und «gesunden Menschenverstandes» auf ihrer Seite, die Naivität der plebejisch-gesichtslosen Masse *vernetzter*, ergo gleichgeschalteter Individuen, die weitgehend ungebrochen der Illusion unterliegen, ihre Unabhängigkeit innerhalb einer vorgespiegelten Vielfalt der Meinungen, Stile und Lebensäußerungen «realisieren» zu können. In Wahrheit bilden sie nur ein gespenstisches Heer uniformierter und belustigt-weltverlustiger Marionetten, deren jeglicher Rückbezug ihres sterilisierten Daseins zu einer authentischen menschlichen Existenz abgeschnitten ist. Die «a priori» gesteuerte Verwaltung des in formalisierte Daten aufgelösten Lebens schließt heutzutage als totalitäre Autorität jeden Rückweg zur menschlichen Existenz, jede bedeutungsstiftende Vermittlung von Form und Inhalt aus.

Was heutzutage, etwa in Beschreibungen journalistischer oder wirtschaftlich-kommerzieller *Job*-Anforderungen – «Berufe» gibt es nicht mehr –, als «Kreativität» ausgegeben und verlangt wird, besagt nichts anderes als die totale Verstümmelung jeglicher ästhetischen Autonomie, die billige Anpassung an Sprachvergewaltigung, banausische Geschwätzigkeit und die Vernichtung jeder kritisch-intellektuellen Reflexion. Die das gesamtgesellschaftliche Leben zum virtuellen Marionettentheater degradierende Gehirnwäsche der elektronischen Massen-*Medien* hat ihren vergleichsweise subtilen und in begrüßenswert kritisch-gebrochener Weise konzipierten symbolischen Ausdruck bereits in frühen Zeugnissen der Kinematographie gefunden: nämlich in der Figur des Vampirs. Der Selbstmord des lebendigen und gedanklich-autonomen menschlichen Individuums ist in den Nachzehrer-Figuren der klassisch-romantischen Schauerliteratur und des Films genau symbolisiert und allegorisiert worden. Die falsche virtuelle Synchronisierung von allem in der heutigen «Welt» des Internet bedeutet den völligen Verlust von Raum und Zeit sowie von logischen Konstitutions- und Vermittlungskategorien. Die lebendige menschliche Existenz wird durch die Spezies des Vampirs ersetzt, dessen weder totes noch lebendiges Dasein gerade durch den völligen Verlust einer eigenen und individuellen Geschichte und Biographie gekennzeichnet ist.

3.

Der abstrakte *Hyperlink* und der ihm physisch-empirisch entsprechende *Mouseclick* symbolisieren die zur *Information* uniformierte *mediale Vernetzung*, die nivellierende Gleichschaltung, ja heimliche Verflüchtigung der «Welt». Ihre simple Psychologie beruht auf der gedanklich unreflektierten Faszination, welche der Knopfdruck an technischen Apparaturen auf Kinder ausübt. Einer nur vermeintlichen «Ursächlichkeit», welche das Subjekt sich selbst imaginär-suggestiv als authentische Initiative zuschreibt, folgt eine Pseudo-«Wirkung», die ein Moment von Irrationalität, von fiktionaler, zauberisch-gauklerischer Überraschung enthält. Man ist, wie Kinder bei der Trickvorführung eines Zauberkünstlers, fasziniert von einem Effekt – gerade weil die Einsicht in die kausalen Zwischenglieder sowie in die Vermitteltheit des Geschehensganzen fehlt.
Die quasi hypnotische Faszination von Knopfdruck und *Hyperlink* besteht in der Paradoxie, daß der dem ganzen Geschehen entfremdete Benutzer sich einerseits als ursächlicher Handlungsauslöser wähnt, sich andererseits aber als passiver, überraschter und gewissermaßen «beschenkter» Konsument empfinden kann.
Dieses Dilemma besitzt übrigens als ästhetische Paradoxie durchaus auch eine komplexe Relevanz für neuzeitliche philosophische Konzeptionen von Kunst und Literatur in produktiver wie rezeptiver Hinsicht: entscheidend ist hier, daß philosophische und literarische Formen diese ästhetische und intellektuelle Ausdrucksfiguration als ganzheitlichen Vermittlungszusammenhang über die Partizipation am Logos transparent und nachvollziehbar machen.
Der *Hyperlink* virtueller Pseudo-Vernetzung ist dagegen Ausdruck eines nicht über den Logos vermittelten Schnitts, eines Schnitts, der den Horizont des Logos zum eindimensionalen *Code* verstümmelt. *Hyperlink* und *Mouseclick* bedeuten die neurotisch wiederholte Zwangshandlung der Selbstkastration der *vernetzten Informationsgesellschaft.*

Es ist im übrigen ein grober Interpretationsfehler, wenn die gegenwärtig maßgebliche akademische Tertiärliteratur zur ästhetisch-philosophischen Sprach- und Literaturtheorie die diffus so genannten «postmodernen» Überlegungen zur Nicht-Fixierbarkeit von «Sinn» und «Bedeutung» nachäffend im Sinne des vernetzt-vernetzenden *Hyperlink* versteht und darin gar ein ideologiekritisches Moment ausmachen will. Die «Präsenz» verschiebende und «Sinn» differentiell offenhaltende dialektische Bewegung der Sprache und der auf sie rückzubeziehenden Zeichensysteme realisiert sich allein in der ganzheitlichen, aber nie in den Momenten dieser Ganzheit auf einmal zu synchronisierenden Vermittlung über den Logos, der sich immer schon in einen empirisch-hermeneutischen Horizont eingebettet findet.
Diese Vorgängigkeit der Vermittlung ist selbst nicht benennbar oder definitiv repräsentierbar. In diesem wesentlichen Punkt stimmen idealistische Spekulationen über das Absolute und moderne dekonstruktivistische Sprachtheorien überein und sind grundsätzlich modisch-innovationsheischenden Verkürzungen «wissenschaftlicher» Tertiärliteratur voraus, welche mit lächerlich schematischen Paradigmen wie dem der potenzierten «Beobachtung des Beobachters der Beobachterposition» und ähnlichem die Sprache zum ideologieanfälligen eindimensionalen *Code* erniedrigt. Entgegen den gedanklichen Zerstückelungs-Verrenkungen der trendhörigen akademischen Manierismen zum *intermedialen Diskurs* liegen klassisch-idealistische Entfaltungen des Absoluten und dekonstruktivistische Strategien der Sprach- und Literaturbeschreibung nahe beieinander, indem sie die Vermittlungskompetenz des Logos ernstnehmen und notwendige Faktoren der kritischen Unabhängigkeit und Selbstverwahrung des Logos gegen gedanklich-semantische Verarmung bilden.

4.

Die Disziplinierung des geistigen Blicks auf das imaginär-reale Rechteck einer bedruckten Buchseite bedeutete im kulturellen Prozeß der Neuzeit eine verinnerlichende Sammlung und Konzentration des Ich in einem mentalen Schwerpunkt. In der zeitlich-räumlichen Konzentration auf die sprachlich-hermeneutisch vermittelte Virtualität der Zeichenketten und -«netze» war vor allem die intellektuell reflektierende Einbildungskraft angesprochen – sowohl in sinnlicher als auch in rationaler und intelli-

gibler Hinsicht. Gefragt war in erster Linie die Vermittlungskompetenz der Spontaneität der Einbildungskraft. Das heutzutage absolut dominante Rechteck des *Screen* oder *Display* mit seinen – auch im Einbezug verbaler Signale – vorwiegend visuellen Reizen spricht nahezu ausschließlich die passivische Rezeptivität des *User* an und bedeutet ebenso ausschließlich dessen abstrakte Fremdbestimmung. Vor allem aber bedeutet es Dispersion und Veräußerlichung des inneren Schwerpunkts in ein dem Ich entfremdetes Außen einer künstlich zerstückelten Welt.
Nebenbei bemerkt: Die vielbesprochene und wenig klare erkenntnistheoretische wie handlungspraktische Aufspaltung des Daseins in die unverbundenen Abstrakta von Ich und Welt, ihr Auseinanderfallen in isolierte Pole, ist ein seit über einem Jahrhundert grassierender, vage subjektive Impressionen in «objektive» Parameter fälschlich transponierender Irrglaube, der zum Dogma wurde. Ihm liegt größtenteils die träge Scheu vor der dialektischen «Anstrengung des Begriffs» (Hegel) zugrunde. Diese Scheu hat sich heute in finaler geistiger Leere, in der radikalen Austreibung des Logos, dem Boxerstumpfsinn des *Slang*, des «Abwinkens und Tieferhängens» (M. Schreiber) manifestiert, einem nihilistischen Resignationsgestus, der ganz sicher nicht, wie ständig behauptet wird, originär von der Jugendhaltung und -sprache ausgeht, sondern vielmehr Ausdruck der perfide kommerzialisierten und manipulativen Heranzüchtung der Jugend zu einem zur stupidesten Banausenhaftigkeit verkommenen dehumanisierten *Lifestyle* ist.

Die im verkürzten und *vernetzten* Mode-*Diskurs* alltäglich stattfindende Zerstörung der Möglichkeit hermeneutischen Selbst- und Weltverstehens geht einher mit der syntaktischen Verstümmelung und Zerstückelung der Sprache in die Beziehungslosigkeit *codierter* Funktionsparameter. Das logische Gegenteil des rigide codierten, eindimensionalen Funktionalismus, nämlich sprachlich-hermeneutische Vermittlung, bedeutet die zeitlich rück- und vorbezogene Herstellung logisch beziehungsvoller und semantisch bereichernder Synchronizität als Korrelativität. Technisch-massenmediale *Informationsvernetzung* bedeutet dagegen die suggestive und illusorische Simulation falscher und beziehungsloser Simultaneität. Diese verstümmelt jeden semantischen Beziehungsreichtum, die fundamentale Voraussetzung aufgeklärten und selbstbestimmten Denkens und Handelns.

Die digitale *Informationsvernetzung* erstickt jeden Ansatz sprachlichen Verstehens in der Hetzjagd des *Hyperlink* durch den Hades des Schattenwissens. In der *vernetzten Informationsgesellschaft* führt das Wissen qua Uniformierung seine Selbstkastration durch. Die elektronische Vernetzung ist das Fangnetz der geschichts- und selbstlos gewordenen abendländischen Ratio. Die geschichtslos-regressive «Logik» des *Hyperlink* und ihre «Treffer» leiten sich aus dem vorsprachlich-primitiven *Icon* her. Die computerisierte Vernetzungslogik ist in ihrer Geschichtslosigkeit infantil und senil zugleich. Sie erschöpft sich im archaisch-primitiven haptischen Nachäffen, welches seine kindische Ersatzbefriedigung in einem Knopfdruck findet, dessen mittelbar und unmittelbar ausgelöste Wirkungen nicht direkt überschaubar sind. Wer per *Mouseclick* eine nicht geradezu überschaubare Wirkungskette auslöst, bemerkt nicht, daß trotz verschiedener Möglichkeiten des Fortgangs der Rahmen und Umkreis dieser Weiterbewegung vorberechnet und eng umzirkt ist.
Mittels der Kirmesbuden-Ästhetik der digitalen *Informationsvernetzung* wird die reale biographische Existenz des lebendigen Individuums in die lebenslängliche Gefängnisstrafe einer schicksalslos-vordeterminierten Scheinexistenz umgebogen: zu einem Dasein, das sich nur noch potentiell von dem eines Roboters unterscheidet. Die computerisierte *Wissens- und Informationsgesellschaft* perfektioniert den Selbstauslöschungsprozeß rationaler Aufklärung, indem sie die Existenz des Menschen durch dessen reine Vorhandenheit ersetzt.

5.

Ein reflektiertes Selbstverständnis der menschlichen Existenz ist gebunden an deren sprachliche Selbstartikulation zum einen sowie ihre Geschichtlichkeit, das heißt Zeitlichkeit zum anderen. Jedes vorwissenschaftliche Verständnis von existentieller Zeitlichkeit bewegt sich in den drei Dimensionen Vergangenheit, Gegenwart und Zukunft. Das sprachliche Bezugssystem figuriert die Kontinuität ihres sinnstiftenden Ineinandergreifens. Biographie und Existenz, kollektive und individuelle Geschichte lassen sich philosophisch-anthropologisch als symbolische wie reale Kontinuität dieses Ineinandergreifens vorstellen, welches die Existenzphilosophie zu Recht als die «Ekstasen der Zeitlichkeit» (Heidegger) bezeichnet hat. Die *Medien- und Informationsgesellschaft* betrügt und annulliert den Menschen als Individuum total, weil sie diesen grundlegenden Ansatzpunkt der Selbstidentifikation aushebelt und die zeitliche Kohärenz in statische Beziehungslosigkeit verwandelt.

Daß die wahrnehmbare Virtualität eines dreidimensionalen Raumes vorzüglich durch zweidimensionale Illusionierungstechniken zu erzeugen ist, ist ein technisches Wissen, das die visuell geprägte abendländische Kultur von den Renaissance-Malern bis zu den Schaffern sogenannter *Cyberspace*-Welten in ihren Verfahrensweisen motiviert hat. Die Tatsache, daß die Menschen heute auch noch um die räumliche Verfaßtheit ihrer Einbildungskraft gebracht werden, ist daraus herzuleiten, daß sie noch viel fundamentaler um die Zeitlichkeit, also Geschichtlichkeit ihrer Existenz betrogen werden. Die vor einem halben Jahrhundert von Herbert Marcuse beschriebene Eindimensionalisierung des Menschen ist durch die *vernetzte* Schein-Synchronisierung aller Lebensbereiche in der *Informationsgesellschaft* zu einem irreversiblen Stadium getrieben worden («Der eindimensionale Mensch», 1967). Die systematische Beschneidung der Einbildungskraft und ihrer raumzeitlichen Formung der wahrgenommenen Phänomene sowie die damit einhergehende Eliminierung der Geschichtlichkeit der individuellen Existenz und ihrer kollektiven Einbettung reduzieren den Menschen auf den biographischen Nullpunkt eines Vorab-schon-Definiertseins. Er wird betrogen um seine Existenz, um sein lebendig-kontinuierlich zu entwickelndes Verständnis von Vergangenheit, Gegenwart und Zukunft.

Der *Hyperlink* im Internet ist das vollendete Perpetuum mobile der Simulation und Reproduktion sinnleerer Papageiensprüche. Seiner wiederholenden Imitation ist der billige Schein von Bedeutung aufgekleistert. Das Vorgeplappertwerden und das mechanische Nachplappern, in denen sich die *Vernetzungskultur* günstigstenfalls erschöpft, sind zum semantischen Nichts, zur geistlosen Reproduktion phonetisch-graphischen Zeichenmaterials zusammengesunken. Es gibt keinen Inhalt im Internet, und betone er noch so sehr seine ideelle Seriosität, der sich nicht – im Gefüge des *Mediums* – seiner Selbstvernichtung preisgäbe. Im *vernetzten* «Kosmos» der *Wissens- und Informationsgesellschaft* ist die Eliminierung von Zeit und Geschichte gleichbedeutend mit der Zerstörung von distinkter Bedeutung, damit aber auch mit dem Tod der Sprache, distanzierter intellektueller Kritik und biographischer Sinnkohärenz. Eine gedankliche Organisation des gesellschaftlichen Lebens außerhalb seiner digitalen *Vernetzung* existiert nicht mehr. Wo immer sie ein eigenständiges Fortleben hilflos simuliert, äfft sie in identischer Reproduktion eben genau den Lügenschein der virtuellen Vernetzung nach, als gäbe es ein Leben außerhalb seiner totalen kalkulatorischen Erfassung, und unterwirft sich so notwendigerweise rückhaltlos dem Uniformierungs- und Kollektiv-Zwang.

Die Totalität der Vernetzung, die gleichmacherische Synchronisierung von allem in der Flächen-Addition und Scheinwelt des Internet bedeutet den Verlust des wirklichkeitsbezogenen Bewußtseins von Raum und Zeit. Die virtuelle Entkörperlichung ist dabei viel radikaler als bei der Lektüre eines Buchs. Der Benutzer ist nur noch *User* (analog dem *Slang* der Drogen-Subkultur) und nicht Leser, denn das Sammeln und vermittelnde Aufbewahren wird – im Akt des Überspringens sofort wieder verschwindender *Pages* – als wesentliches Zwischen- und Mittlerglied eliminiert.

Die Virtualität des Internet ist totalitär, weil vermittelnde Zwischenglieder, thematische Zusammenhänge fehlen. Der sich durch Zufallstreffer und schematische Funktionen *clickende* Benutzer ist – im zwangsneurotischen Überspringen der Wirklichkeit – der zum modernen Kastraten gezähmte Homunculus: eine künstliche Existenz. In der völligen Simulation von Welt und Selbst wird das Individuum geschichtlos und gesichtslos.

6.

Alles öffentliche Gerede über den «sinnvollen» Einsatz «neuer Medien» in der Schule und in der akademisch-didaktischen Bildung ist banal-durchsichtig im Hinblick auf seinen wahren Zweck, der ein verräterisches Symptom geistigen Siechtums darstellt. Man hat die Perfidie der alles sprachlich Anspruchsvolle niederwalzenden Prozedur überhaupt nicht bemerkt, weil sie längst zur gewohnheitsmäßig-perversen Selbstverständlichkeit geworden ist. Aufmerksamkeit findet heute allein noch die elektronisch-digitale, an der kommerziell und visuell korrumpierten Oberfläche zum kurzlebigen «Wissens»-*Event* «aufgepeppte» Informationswiedergabe. Die ästhetische und gedankliche Vermittlung von Wissen und hermeneutischen Denkanstößen in Büchern ist längst zum musealisierten skurrilen Sonderfall geworden. Aufklärerische Logik, sprachlich-ästhetische Sensibilität und die von eigener Einbildungskraft mitbestimmte Anstrengung des reflektierten Begriffs sind auf irreversibler Wegstrecke an einem Punkt angelangt, an dem sie bestenfalls noch als mumifizierte und verrätselte historische Residuen, als anachronistisches Kuriositäten-Kabinett begafft werden. Im massenmedialen Berieselungs-Zirkus soll mitnichten über Bücher, Kunst, Literatur, Musik, Sprache und Geisteswissenschaften, nicht einmal mehr über echte Politik gesprochen oder kritisch geurteilt werden. Es geht nahezu ausschließlich um «Unterhaltung», ablenkendes Amüsement und primitivste Gauklereien. Alle Fersehsender führen tagtäglich diese propagandistisch-massenmediale Gehirnwäsche durch.

Der vehementen Aggressivität dieser Gleichschaltungs-Tendenz gegenüber werden Bücher und Hochsprache im gesellschaftlichen *Diskurs* überhaupt nur noch als Feigenblätter erwähnt. Ihr (Noch-) Vorhandensein täuscht die Möglichkeit traditioneller Bildung vor und verschleiert die längst erfolgte Austreibung des Logos, die Ersetzung von Bildung durch die technokratisch-rezeptive Selbstentfremdung infolge von blind geschluckten autoritär-anonymisierten Vorgaben.

Die gegenwärtige – mit dem fälschlich für alles und nichts herhalten müssenden Adjektiv «postmodern» versehene – *flexible* und *vernetzte* Existenz des Menschen verliert ihre sprachliche Artikulationsfähigkeit und ihr biographisches Bewußtsein mit dem Verlust ihrer Fähigkeit zu erzählen. Die Fähigkeiten, Geschichten zu erzählen und einen sprachlich reflektierten und artikulatorisch strukturierten geistigen Horizont zu erarbeiten, sind ein und dasselbe – und sie gehen rapide verloren. An die Stelle der gegliederten Organisation eines seine komplexe Mehrdimensionalität auslotenden Zeitverständnisses, der hermeneutischen Wechselbeziehung vom Ganzen und seinen Teilen, tritt die schematische Gleichheit austauschbarer Variablen, die semantisch eindimensionale Verarmung erblindeter Zeichen auf einer künstlichen Leiste falscher Synchronizität. Die damit einhergehende Verkümmerung der Einbildungskraft ist identisch mit dem Schwinden jeglichen Gefühls für die prosodisch-musikalische Struktur der Sprache.

Die erstickende Vergewaltigung der Sprache durch stupide, mit Halb-Anglizismen verschnittene lexikalische Mißbildungen, abgedroschene Superlative, inhaltsleere *Slogans* und die grammatisch fehlerhaften, syntaktisch beziehungslosen Aneinanderreihungen von hochgepanschtem

Sprachmüll suggerieren einen *kommunikativen* Modus der permanenten *Action*, der unaufhörlichen Sensations-Klimax, um in Wirklichkeit nur die monotone und uniforme Langeweile, die deprimierende Wechselmasturbation von Exhibitionismus und Voyeurismus, die Sucht nach angeblichen Neuerungen anzuheizen. Ihre suspensiven Schein-Befriedigungen sind lediglich ein adäquater Ausdruck der Verödung kreativer Einbildungskraft. Die das nahezu gesamte öffentliche Leben in der eisernen Faust der geistigen Debilisierung dominierende Sprachpraxis des neoliberalen *Marketing* und *Management* hat in kürzester Zeit das gesellschaftliche Leben in eine verwüstete Ruinen-Landschaft sprachlicher und intellektueller Re-Barbarisierung verwandelt.

Einen der vorläufigen (!) Höhepunkte dieser entmündigenden Umtriebe hat die vernetzte Globalisierung in dem weltweiten *interaktiven Online-Game* «Second Life» erreicht. In ihm findet die symbolische intellektuelle Selbst-Kastration des modernen vernetzten Menschen ihren augenfälligsten Ausdruck – von der Unzahl weiterer kommerzialistischer Schmierenkomödien ganz zu schweigen: den *interaktiven Chats* masturbatorisch-solipsistischer Existenzen.

7.

Dem als unablässiges Schein-Argument vorgebrachten angeblich «multikulturellen» Pluralismus wird in der *Wissens- und Informationsgesellschaft* rundweg ein tückischer Bärendienst erwiesen. Mit der Auflösung von Individualität im indifferenten *Netzwerk* des *globalisierten* Sprachverfalls ist kein humaner Kosmopolitismus verwirklicht, im Gegenteil rückt dieser in immer unerreichbarere Ferne. Kosmopolitismus beruht auf der Anerkennung der Differenz des Eigenen und des Fremden. Erst in ihr gewinnen beide Faktoren ein eigenes und komplementäres Profil und bilden so die Grundlage für vermittelnden, wechselseitig befruchtenden Austausch. Ohne Reflexion auf Differenz bleibt die Polarität von Eigenem und Fremdem ein statisch-antagonistisches Oppositionsverhältnis. *Intermediale Globalisierung* ist das Gegenteil von Kosmopolitismus. Globalisierung bedeutet die Nivellierung der Differenzen unter dem totalitären Schema der «Uniform», die Stagnation und Unversöhnlichkeit der Pole unter dem Diktat der bedeutungsleeren Form als *Information*, das Sterben von Individualität und Bildung.

Die massenmedial globalisierte «Wissensgesellschaft» verfällt in einen technokratischen Primitivismus totaler sprachlich-kultureller Verarmung, einen universalen sprachlich-intellektuellen Nihilismus, der den Verlust von Sinn, Inhalt, gedanklicher Strukturiertheit, Geschichtlichkeit und Individualität in sich trägt, die Verflüchtigung jeglichen semantischen Tiefensinns auf der eindimensionalen Oberfläche der infantilen Bildchenfolgen eines *Comic-strip*. In ihrer hektischen Expansionshysterie vergewaltigt die *medial uniformierte Informationsgesellschaft* den humanistisch-kosmopolitischen Aufklärungsgedanken auf dem Bordell-Bett der kommerziellen Globalisierung. Die in der Aufklärungsepoche von der Jungfrau zur fruchtbaren Mutter erweckte Idee der Gleichheit und Freiheit wird zur Indifferenz und Fungibilität der käuflichen Dirne degradiert.

8.

Mit der Verabsolutierung von Information und sogenanntem «Wissen», mit ihrer Allgegenwart und jederzeitigen elektronischen «Abrufbarkeit» wird eine Überflutung geschaffen, die das selbstbestimmte Subjekt untergehen läßt. Schon Nietzsche sagte in seiner «Götzendämmerung»: «Ich will, ein für allemal, vieles nicht wissen. – Die Weisheit zieht auch der Erkenntnis Grenzen.» Eine lebensfreundliche Hommage an die klassisch stilbildende Vereinfachung! «Oberflächlich», und zwar «aus Tiefe» zu sein (Nietzsche), bedeutet eine aus neuzeitlicher Perspektive gewonnene Einsicht in die Notwendigkeit, die Reflexion gedanklicher Komplexe mit Rücksicht auf ihre systematische Unergründlichkeit subjektiv wertsetzend abzubrechen. Die ad infinitum fortgesetzte Polyperspektivierung der Betrachtung und Analyse geistiger Gegenstände birgt mit der Gefahr des «Sich-Verzettelns» zugleich diejenige der relativistischen Indifferenz des Lebens gegen sich selbst: eine Gefahr, der – gerade indem er sie provokativ herausforderte – Nietzsche neue dialektische Perspektiven «unzeitgemäß» abzugewinnen wußte.

Die «zeitgemäße» *vernetzte Medien- und Informationsgesellschaft* zelebriert hingegen eine banalisierte, leere Oberfläche totalitärer Gleichheit – auch in ihren akademisch-philologischen Ausformungen des aneignenden Wiederkäuens der geistig-sprachlichen Verarmungszeugnisse. Eine ihrem etymologischen Wortsinn allein angemessene («textuelle») «Verwebung» verkümmert zur flächigen, jede semantische Tiefenstruktur zerstörenden

Vernetzung additiver und isolierter Fragmente an einer Schein-Oberfläche. Leitend ist ausschließlich der kommerzielle und sprachlich-geistig verstümmelte Lügengestus einer verkümmerten Einbildungskraft: daß nämlich Leben und Geist in der gedanklich eindimensionalen räumlichen Zweidimensionalität eines *Display* synchronisierbar, darstellbar und faßlich wären. Tatsächlich aber schlägt die angebliche *Vernetzung* in eine primitive prärationale Veroberflächlichung und Simplifizierung komplexer Lebenszusammenhänge zurück.

Jedes kindgerechte Kasperle-Theater besitzt ein größeres künstlerisch-hermeneutisches Potential als es heute die *intermedialen*, *interaktiven* «Kultur»-*Events* haben. Doch kindliche Ästhetik fällt der kindischen Planierungswut der digital vernetzten, virtualisierten und dehumanisierten Primitiv-Ästhetik zum Opfer. Hierzu sehe man sich nur einmal den grauenhaften Schwachsinn der von sogenannten Medienpädagogen konzipierten Nachmittagssendungen in Kindersendern an.

Die kommerziell gesteuerte Re-Infantilisierung von Erwachsenen geschieht durch die Einebnung der kreativen Unterscheidungsfähigkeit zwischen Sein und Schein. Sie äußert sich in elektronisch vernetzten *Chats*, *Alternativ-Leben*, sterilen virtuellen Pseudo-Maskenbällen und nicht zuletzt in den schulischen und universitären «Bildungs»-Reformen auf dem Feld der Geisteswissenschaften. Sie sorgt für eine wirtschaftliche, geistige und existentielle Ausblutung der gleichgeschalteten Individuen, deren soziale und gedankliche Verwaisung Garant für ihre (Miß-) Brauchbarkeit ist.

Im virtuellen *Surfen* stellt die technokratische Hörigkeit der Massen, ihr stets unbefriedigtes Haschen von Konsum nach Begierde und von Begierde nach Konsum die erbärmlichste Illustration einer von Torheit durchsetzten Realität dar, die Schopenhauer nicht pessimistischer hätte zeichnen können. Der philosophische und künstlerisch-ästhetische Gedanke, daß das Leben nur ein flüchtiger Traum sein könnte, ist aufgrund der systematisch gezüchteten Unfähigkeit, sprachlich-dialektisch, differenziert und vermittelt zu denken, längst auf dem Schrotthaufen eines museal-historischen Positivismus der *Kultur- und Medienwissenschaft* entsorgt worden. Aufgeklärte Kritik und sprachliche Selbstreflexion zelebrieren ihren unfreiwilligen schäbigen Abgesang im asemantischen *Düdeldüt* der *medial vernetzten Wissens-*, *Informations-* und Unterhaltungsgesellschaft.

9.

Die akademischen und schulischen «Bildungs»-Reformen sind Vorreiter im Prozeß der Austreibung des Logos und der Aufklärung. Der moderne *vernetzte* Mensch, dem laut neoliberaler Ideologie angeblich alle «Bildungs»- und Entwicklungsmöglichkeiten offenstehen, bezahlt virtuell «per cash» noch dafür, daß ihm seine letzte, vital substanzlose, aber symbolisch-virtuelle «Lebenskraft» – das Geld – für nichtige Gegenwerte aus den Adern gesaugt wird. In den letzten Jahren wurde eine Fülle fragwürdig-anrüchiger *Job*-Sektoren aus dem Boden gestampft (*Coaches* und *Manager* für alle Lebenslagen), deren «Aufgabe» in der Fortsetzung der Verstümmelung und Vergewaltigung der Sprache liegt. Das Schlimmste daran ist, daß fast jegliche Tätigkeit, die mit Sprachlichem umgeht, sich in kritikloser Anbiederung dem modischen *Trend* unterwirft und den Kreislauf der Bedeutungsentleerung anfeuert. Ein schwindelerregender Löwenanteil journalistisch-publizistischer, *medien*orientierter Tätigkeitssektoren beschäftigt sich nahezu ausschließlich mit der Perpetuierung der Zirkulation des Schwachsinns, der infantilisierenden Dealphabetisierung der Sprachgemeinschaft. Die Bereitschaft, am in die Tiefe gebauten babylonischen Turm der Sprachverstümmelung tatkräftig und kritiklos mitzuwirken, ist heute eine der Hauptvoraussetzungen, eine «berufliche» Tätigkeit im publizistischen oder massenmedialen, inzwischen gar im akademischen Sektor auszuüben.

Das «Weltbild» der digital-virtuellen *medialen Vernetzung* bedeutet die Sterilisierung des Lebens und des Logos, die Bedeutungsentleerung von Sprache, Welt und Existenz. Entgegen einem «populären» akademischen Vorurteil (welches sich ursprünglich gerade gegen naiv-populäre Vorstellungen wendete) sind Sprache und Leben, Logos und Welt keineswegs binäre Oppositionen. Mit dieser fälschlich-dualistischen Entgegensetzung geriet die lebensphilosophisch ursprüngliche hermeneutische Ganzheit von Welt aus dem Blickfeld.

10.

Ein ästhetisch-geistiges Gegenbild zu diesem Zwiespalt wäre exemplarisch in Goethes Begriff des «Augenblicks» wiederzuentdecken: «Der Augenblick ist Ewigkeit.» Das antike herakliteische Paradoxon des Flusses, des konvergierenden Gegensatzes von Fließen und Stagnieren, von Transzendenz und Immanenz, Betrachtung und Tat, – des zeitlich-räumlichen Ineinandergreifens der Dimensionen von Vergangenheit, Gegenwart und Zukunft wird von Goethe auf den dichterisch vermittelten, metaphorisch veranschaulichten Begriff der «Ewigkeits»-Gegenwart gebracht. Sie wird in der Wette Fausts mit Mephisto als existentielle Tragik des Menschlichen auf der dialogischen Bühne vorgeführt.

Die mannigfachen widerstreitenden Interpretationen des Faust-Dramas sind in mancherlei Hinsicht nur philologischer Methodenstreit um Ergebnisse, die in Wahrheit sachlich-inhaltlich vermittelbar sind, ohne ihre spezifische Perspektive aufgeben zu müssen: wie es übrigens auch Werken dieser geistigen Reichweite angemessen ist. Nichts demonstriert so sehr wie die Goethesche Konzeption des «Augenblicks», daß «Klassik», «Romantik» und «Moderne» (epochal und stilistisch), «Hermeneutik», «Strukturalismus» und «Dekonstruktivismus» (methodisch und ergebnisbezogen) bei weitem nicht so weit voneinander entfernt sind, wie die Autosuggestionen der akademischen Theorien sich selbst und Außenstehenden weismachen zu müssen glauben. Sie sind letztlich nur perspektivische Varianten einer hermeneutischen Sprach- und Literaturkritik, welche heute in den «reformierten» *Kultur- und Medienwissenschaften* aufgrund von Werk-Ignoranz und der Vergessenheit der echt philologischen Methodik einem textfernen naiven Breitband-Gerede gewichen ist. Das Gerede von «Meta-Ebenen», allgegenwärtiger «Intermedialität», «hypertextueller Gender-Inszenierung», «Konzeptualisierung», «Transfunktionalisierung» und perpetuierender «Beobachtung der Beobachter-Positionen» wie auch das mißverstandene Schlagwort «Tod des Autors» gehören hierher.

Mediale Vernetzung bedeutet die ständige Verbannung des Logos. Ihre falsche hermetische Totalität ist zwiegesichtig-intrigant und eindimensional-naiv zugleich. *Mediale Vernetzung* bedeutet nicht kulturelle und gedankliche Pluralität, sondern semantische Verarmung sowie funktionalistische Vereinseitigung und Veroberflächlichung. *Vernetzung* ist die destruktive, in vorkritisch-scholastische Dogmatik zurückfallende Antithese zur dialektisch sinnstiftenden Vermittlung. Die Vernetzung reduziert gewaltsam die echte semantisch-textuelle Verwobenheit hermeneutisch zu erschließender Sinnelemente zum erstickend aufquellenden Einheitsbrei der *Information* – sie vermag genau das, was ihr lärmendes Aushängeschild vorgibt, gerade nicht zu leisten, nämlich geistige Pluralität.

Unter dem Diktat *codierter* Veräußerlichung und Uni-Formierung verstümmelt sie den Reichtum geistiger Gehalte.
Vernetzung in ihrer Gleichschaltungs-Tendenz, ihrem semantischen Reduktionismus deformiert das menschliche Welt- und Selbstverständnis zu einer barbarisch stammelnden Primitiv-Ikonographie, einer Rest-«Sprache». Dem Gegensatz von Vernetzung und Vermittlung entspricht exakt derjenige vom Baals-Götzen *«interaktive» Kommunikation* und dem aussterbenden Gespräch. Die «Ratio» der *medialen Informationsvernetzung* schlägt sich mit Blindheit – ihre leblosen Elemente stehen unvermittelt nebeneinander im globalen tautologischen Kreislauf.
Die Metapher der «Vernetzung» führt sich selbst ad absurdum. Die elektronischen Massenmedien heben den Sinn des Terminus «Medium» auf, weil sie nichts außer ihrer bedeutungsleer repetierten Selbstzitation zu «vermitteln» haben. Die humane Wirklichkeit wird zwischen den verödeten Kulissen einer totalitären Simulation ihrer selbst zerrieben. – Bahnbrechende kritische Deutungen der Massenmedien hat Günther Anders bereits 1956 veröffentlicht («Die Antiquiertheit des Menschen»), gefolgt von Neil Postman («Wir amüsieren uns zu Tode», 1985) seit den siebziger Jahren.
«Information» im Zeitzeichen *medial*-additiver Daten-Anhäufung bedeutet verödende Zurechtstutzung zur seriell-gleichmacherischen Monotonie. Mit der unumschränkten Dominanz des *Hyperlink*, der unvermittelten, rein additiven *Vernetzung*, besser: Pseudo-Vernetzung, wiederholt die Gedankenformatierung täglich millionenfach den zwangsneurotisch ritualisierten Kastrationsschnitt der Austreibung des Logos. Jeder *Mouseclick* zelebriert und bestätigt wie eine profane Liturgie die Verbannung des Logos und des vermittelten Denkens. Mit der Eliminierung von sprachlich-gedanklicher Vermittlung und der Hermeneutik von Text als Welt und Welt als Zusammenhang stirbt jegliche geistige Kohärenz.

Medialer Irrtum und Hyperlink

1.

Die angeblich «vernetzten» elektronischen «Medien» leisten genau das nicht, was sie prahlerisch für sich in Anspruch nehmen, sondern zerstören es vielmehr: nämlich die inhaltlich-formale Vermittlung logischer Beziehungen in der Gliederung von Raum und Zeit. Die technisch-formalen *Vernetzungs*strategien stutzen die Welt zum asemantischen papageiischen Nachgeplapper des von vornherein Feststehenden zusammen. Sie zerstören das gesamte kreative Potential, welches allein vom Basismedium der Sprache – und wenn auch nur utopisch-imaginativ, so doch hermeneutisch vermittelt – einzulösen wäre.
Das Sinnbild der *intermedial vernetzten* Gesellschaft ist der primitivste affektive Signal-Signifikant des *Düdeldüt*, in dem die *Informationskultur* ihre «Identität» und ihr adäquates Niveau abseits des Logos gefunden hat. Der Begriff «Medium» meint eigentlich eine syntaktisch-relationale Vermittlung, genau diejenige nicht fixierbare logisch-gedankliche Beziehung, die in der uniformistischen Diktatur additiver *Information* falsch vergegenständlicht wird.

2.

Die abendländische Philosophiegeschichte ist insofern auch eine Geschichte der Medien, als sie die Mediatorenfunktion des reflektierenden Logos auf einer selbstreflexiven Ebene ausleuchtet. Von Sokrates und Platon über Descartes, Kant und Hegel bis hin zu Nietzsche und den sprachkritischen Theoretikern im zwanzigsten Jahrhundert bedeutet Aufklärung im philosophischen Denken nichts anderes als reflexive Selbstbewußtwerdung des Logos. Verbunden mit der heute vorherrschenden solipsistisch-eindimensionalen massenmedialen Hypnose arbeitet hingegen die technisch reduzierte Ratio darauf hin, diese Kontinuität auf dem Schrottplatz der museal mumifizierten, von Gegenwart und Zukunft abgeschnittenen Geistesgeschichte zu entsorgen.
Die Gesellschaft gleicht einer Horde von lärmenden Schulkindern, die am Wandertag zerstreut, allein von den *Displays* ihrer Mobiltelefone in An-

spruch genommen, durch ein Museum laufen und für die die ausgestellten Objekte erst dann einen Bezug gewinnen, wenn zum *Videoclip* verschnittene simulatorische Elemente in *multimedialer Animation* auf dem *Display*, dem Sarkophagdeckel von Zeit, Geschichte und Sprache, erscheinen. Genau diesen infantilen Zerstreuungstrieb, die Sucht nach kurzfristig-schnellebigen Oberflächeneindrücken bedient die gesamte *multimedial vernetzte Informationskultur.* Erwähnt seien beispielsweise die im Fernsehen Hochkonjunktur erreichenden *History Channels*, die mit Versatzstücken des Hollywood-Kitschs Geschichte als gesellschaftlich unvermitteltes Konsumgut in krasser Schwarz-Weiß-Zeichnung verramschen. Die erzieherische und akademische «Vermittlung» von historisch-kulturellem Wissen an Schulen und Universitäten ist unter dem magischen Schlagwort der Einbeziehung *neuer Medien* bemüht, die allgemeine Verflachung des Niveaus geistiger Durchdringung in vorauseilendem Gehorsam noch zu überbieten. Stichwort «Pisa»-Studie, der neue Götze. Verkitschte Sentimentalität und intellektuelle Debilität sind der Endpunkt der durch Massen*medien* gesteuerten «Aufklärung» in der *Informationsgesellschaft*.

3.

Die via elektronischer *Vernetzung* gesteuerte *interaktiv globalisierte Kommunikation* fällt durchweg auf ein prä-zivilisatorisches und voraufklärerisches Sprach- und Zeichenverständnis zurück. Dies wird schon ganz simpel an den per *Mouseclick* Funktionen und sogenannte *Hyperlinks* auslösenden *Icons* und den ihnen anhängenden Vorgängen deutlich. Das «Icon» oder «Ikon» ist in der Geschichte der Semiotik, der Sprachwissenschaft sowie in der kunsthistorischen Ikonologie gegensätzlich definiert worden. Als Signifikanten sind Ikone in Bezug auf das Gemeinte oder semantisch Nachfolgende entweder rein willkürlich («arbiträr») oder stellen einen imitatorischen Nachbildungsversuch dar. In beiden Fällen bedeuten sie eine abstrakte Chiffrierung des Gemeinten, mit welchem sie logisch nicht vermittelt sind. Die *anzuclickenden Icons* im digitalen Bereich verwenden beide Funktionsweisen. Als bloß «arbiträre» Signale manifestieren sie die tote Beziehungslosigkeit von Zeichensystemen, ihre Depravierung zu eindimensionalen, geistig verarmten *Codes*. An diesem semiologisch-methodischen Punkt sehen sich sogenannte Systemtheoretiker in der legitimen Nachfolge des völlig mißverstandenen linguistischen Strukturalismus,

welcher von ihnen gerade seines wesentlichen Verweisungs-Momentes entmächtigt wurde.
Die weitaus vorherrschende Verwendungsweise von *Icons* aber ist die der schematisch-primitiven Nachbildung. Die computerisierte *Vernetzung* verstümmelt Gedanken zu *Icons*. Sie zeigt ein Primitiv-Niveau mimetisch-semiotischer Kompetenz, gegen welches die ersten Höhlenmalereien der Menschheit eine differenzierte Hochkultur darstellen. Der grauenhafte und von den Vorbildern faschistischer oder stalinistischer Ästhetik diktierte Kitsch der angeblich stets «realistischer» werdenden digitalen Computer-*Animationen*, welche vom Heer der *Online*-Zombies wie Drogen konsumiert werden, sind ein trauriger Höhe- und Tiefpunkt der alles beherrschenden Banausie. Sie werden lediglich noch von den die Menschenwürde mit Füßen tretenden *Show-Events* gewisser Fernsehkanäle übertroffen beziehungsweise unterboten.
Die «Kultur» der *medialen Vernetzung und Information* bewegt sich auf dem Niveau der schlechtesten und groteskesten Animations-Skizzen für geistig zurückgebliebene Erwachsene: Computerspiele. Sie fällt in ihrem intellektuellen Entwicklungsstand weit hinter die Fähigkeit von Kleinstkindern zurück, die mit vorsprachlicher Kreativität komplexe Verbindungen sprachlicher und nichtsprachlicher Zeichen herzustellen vermögen. Allerdings wird genau diese Kreativität bei Heranwachsenden verstümmelt und ausgetrieben: jegliche gedankliche und sprachlich-semiotische Aktivität der reflektierenden Einbildungskraft wird von Anfang an auf die dogmatische Alternative von Null und Eins, *On* und *Off*, Schwarz und Weiß reduziert. Mangelnde gedankliche Vermittlung, sprachliche Verunstaltung und die nivellierende Uniformierung des Daseins zur eindimensionalen, geistig und seelisch retardierten Nachzehrer-Existenz determinieren den zur zeitgemäß-kritiklosen Angepaßtheit herangezüchteten Menschentypus der Gegenwart ausweglos von der Wiege bis zur Bahre, auf einem Weg, der keine eigene Lebensgeschichte, keinen Horizont des Daseins offenläßt.
Hyperlink und *Mouseclick* transportieren den naiven Glauben, auf ein Moment folge strukturell (und eventuell auch zeitlich) linear ein anderes, und in dieser einsträngigen Bewegung liege so etwas wie Bedeutung oder gar Sinn beschlossen. In Wirklichkeit aber erwachsen Bedeutung und Sinn allein aus logisch vermittelter textueller Kohärenz und sind zugleich deren Voraussetzung. Sie sind stets mannigfach vermittelte

Momente der hermeneutischen Zirkularität des Verstehens, wie es wegweisend Wilhelm Dilthey und Hans-Georg Gadamer beschrieben haben. Ihre sinnstiftende strukturelle Synchronizität ist niemals die abstrakt-funktionale eines semiotischen *Codes*, sondern ein offener Verständnishorizont der Sinn-Entfaltung, der «Ekstasen» der Zeit, wie sie von Heidegger beschrieben worden sind. Erst im mental koordinierten «ekstatischen» Vor- und Rückgriff wird ein problematischer und offener Horizont von Geschichte, Gegenwart und wirklicher Bedeutung konstituiert.

4.

Der *Hyperlink* bedeutet reine positivistische Datenaddition, der die gezüchtete Götzenideologie und Massenneurose *universaler Vernetzung* eine scheinbare Folge sachlich-semantischer Sinnzusammenhänge vorspiegelnd aufklebt. Die angeblich logischen Zusammenhänge, die unablässig propagandistisch vorgegaukelt werden, sind in Wahrheit nichts anderes als leere und abstrakte Ideologeme einer Trinität von Kommerz, Schwachsinn und plebejischem Intellekt-Ressentiment. Eliminiert wird die hermeneutische Kompetenz der Phantasie und der reflektierenden Einbildungskraft – und damit die Logik der erkenntniskonstitutiven Verstandeskategorien. Alles ist auf die unkritisch-passivische Hinnahme des sprachlich und gedanklich Unvermittelten, auf die Nivellierung jeglichen Inhalts unter dem Diktat der abstrakten technokratischen Form hin zugeschnitten. Nichts außer der rudimentären Alternative von Null und Eins, die sich selbst im Schein-Inhalt auflöst und nivelliert, wird noch zugelassen.

Jeder *Hyperlink* ist Ausdruck der ästhetischen und intellektuellen Kastration der aufklärerischen Kritik, Erkenntnislogik und ihrer (empirisch angereicherten) sprachlich-hermeneutischen Vermittlung von Ich, Welt und Leben. Er ist ein totemistisch-zwangsneurotisches Wiederholungsritual einer kultursemantisch unvermittelten und inhaltlich leeren Minimalhandlung, ebenso tautologisch wie psychotisch. Die Schein-Kohäsion solipsistischer semantischer Elemente löst jeden Ansatz zu geistigen Zusammenhängen per *Mouseclick* oder sonstigen elektronischen *Switch* auf. Sinnentleerung und suggestive Sinnüberfüllung fallen in der abstrakten Nivellierung eindimensionaler semantischer *Codierung* zusammen. Der angebliche Inhalt moderner *vernetzter Medien* ist die

Total-Negation des sprachlichen Sinns ihrer gänzlich falschen lexikalischen Bezeichnung. Ihr Wesen ist nicht dem Wortsinn gemäß gedankliche «Vermittlung», sondern solipsistische Isolation, die sprachliche, ästhetische und intellektuelle Selbstverstümmelung des abendländischen Universal-Mediators, des Logos. Digitalisierte *Vernetzung* bedeutet die asemantische Repetition tautologischen Papageiengeplappers.
Der *Hyperlink* ist das Real-Symbol der sinnentleerten *Vernetzung* von Informationen in der digitalisierten *Informationsgesellschaft*. Jedes Springen von einer (fälschlich *webpage* genannten) Seite des Informationsmaterials zur nächsten ist ein gewaltsames und unvermitteltes Überspringen der sprachlichen Kontinuität und Kohärenz eines wirklichen, zeitlich-geschichtlichen Verstehens. Im Umblättern der Seiten eines Buches war und ist das Gewesene aus dem Verständnishorizont der Zukunft als offen gegenwärtiger semantischer Brenn- und Fluchtpunkt verräumlichter Zeit zu verstehen. Im *Hyperlink* äußert sich das Überspringen der ursprünglich zeitlich bestimmten Offenheit sprachlichen Verstehens als einfache Addition logisch unverbundener virtueller Schein-Räume, die in Wirklichkeit gar keinen Ort im existentiellen Lebensraum einnehmen. Das primitive Neben- und Nacheinander der per *Hyperlink* lügnerisch schematisierten «Räume» hat keine Zeit und darum auch keinen Inhalt. Seine Schein-Kohärenz speist sich allein aus der totalitären Ideologie des *vernetzten globalen* «Ganzen», dessen angeblich multikulturelle Vielfalt der Denkweisen nur die simulatorische Lügen-Oberfläche des gleichgeschalteten Vernetzungsschemas euphemisiert.
Jeder kritische Quergedanke, der sich gegen die scheinbare *interkulturelle Vernetzung* angeblicher «Diversitäten» richtet, wird heute mit dem dogmatischen Verdikt eines zu belächelnden Kulturkonservatismus etikettiert. Kulturelle Ignoranz ist eine wesentliche Bewandtnis der sogenannten *interkulturellen, transmedialen, trans- und interdisziplinären Informationsvernetzung*. Elektronische Informationsvernetzung – im akademischen Bereich auf dem Boulevard-Niveau der *Kultur- und Medienwissenschaften* – sinkt rasch auf das unreflektierte Schema eines additiven Positivismus herab. Indem sie das banale Verfahren der Datensummierung auf ein virtuelles Paradigma zeitlich-hermeneutisch unvermittelter, das heißt sinnfremder (Nicht-) Räume überträgt, ist sie alles andere als fortschrittlich, sondern im Gegenteil der Inbegriff von Stagnation und Reaktion.

Der *Mouseclick*, der Rechnerfunktionen und *Hyperlinks* selektiert und so eine vorgegebene *Vernetzung* von Informationen und virtuellen Raumausschnitten wiederholt, stellt jedesmal einen syntaktisch beziehungslosen Bruch in der Kontinuität von Raum und Zeit dar. Jedesmal erfolgt die tautologische Repetition des vorab Schematisierten und letztlich Monoton-Identischen.
Implizit bedeutet jeder *Mouseclick* die zwangsneurotische Wiederholung eines mentalen Kastrationsvorgangs, in dem die *vernetzte* Gesellschaft den Sterilisationsschnitt zwischen zu prärationalen primitiven Bild-Ikonen verstümmelten Zeichen und dem ihnen «einst» korrespondierenden Sinnhorizont aufs neue zelebriert. Die virtuelle Tilgung von Raum und Zeit im *Hyperlink* macht die *vernetzten* Marionetten-Individuen zu sprachlich-intellektuellen Eunuchen. Sie sind rein formale Existenzen, deren scheinbare virtuelle Omnipotenz ihre reale Impotenz kompensiert.

5.

Parallel dazu läßt sich das Verhältnis zwischen den heutigen Eltern, den Kindern der «sexuellen Revolution», und ihren Kindern beschreiben. Beide «leben» heute ihre sexuelle und intellektuelle (Im-) Potenz nur noch kompensatorisch im virtuellen Raum der *Vernetzung* und des entfremdeten Scheins. Die Kommerzialisierung und Entfremdung eines realiter verdrängten Sexuallebens in räumlich distanzierten Internet-Foren und *Chats* ist adäquater Ausdruck auch der geistigen Sterilisation. Die angebliche Renaissance eines bürgerlich-konservativen, sexualethisch-familienpolitischen Wertebewußtseins ist ein unwahres Abziehbild, welches sich außer vitaler Schwäche vor allem dem unreflektierten Bewußtsein verdankt, daß die Bedürfnisse der Rebellion und Grenzüberschreitung in der kompensatorischen Schein-Welt rationaler virtueller Triebökonomie als hermetischer Abwehrzauber perfekt-formalistisch durchorganisiert sind. Schließlich kann es in der *global vernetzten* Welt keinen realen Generationenkonflikt mehr geben. Die Kinder sehen keinen Grund mehr, gegen ihre Eltern zu rebellieren. Mit der Abschaffung individueller Biographien sind naturgemäß auch die Generationenkonflikte eliminiert worden. Die *vernetzte Wissens- und Informationsgesellschaft* ist der sterile Inzest alters- und biographieloser autistischer menschlicher Existenzen. Die öffentlich und privat goutierte «Produktion» und Vermarktung von

Kultur, Kunst und *medialer* Unterhaltung beschränkt sich auf das stumpfsinnig-primitive Boulevard-Kulturverständnis. Das vorherrschende Prinzip ist die geschmacklose, – ebenso hysterisch-verklemmte wie schamlos-sabbernde – Vermarktung des zeitgenössischen marktwirtschaftlichen Grundsatzes «Sex sells».
In meinen Augen ist dies am besten in dem vor einem halben Jahrhundert geprägten, pointierten Satz ausgedrückt: «Kunst ist asketisch und obszön; Kulturindustrie ist pornographisch und prüde.» Der von Adorno und Horkheimer formulierte Aphorismus trifft den eunuchenhaften und lüstern gehemmten voyeuristischen Exhibitionismus der *medial vernetzten* Gesellschaft mit größter Präzision ins Herz. Wie weitreichend heute die Kunst von der Kulturindustrie okkupiert, geschluckt und verdummt worden ist, ließ sich sogar ein von zwei Weltkriegen geprägter sozial- und kulturphilosophischer Pessimismus kaum träumen. Die heute maßgeblichen Hervorbringungen der Kultur- und Unterhaltungsindustrie ersetzen das erotische Leben durch die Allgegenwärtigkeit schaler Masturbationsvorlagen. Erotik wird überall durch Pornographie ausgelöscht. Die Massenmedien-Diktatur ist dem Irrtum verfallen, Triebkontrollierung auf dem Niveau kleinkarierten Spießbürgertums, sinnlich-intellektuelle Gleichschaltung wäre der Garant eines stabilen, viehherdenhaften Schein-Glücks. Daß auch die schwächliche irregeleitete Schein-Zufriedenheit der Herdenmentalität keineswegs den Königsweg der Menschheitsbeglückung bildet, wird nicht erst durch die gravierenden sozialen Probleme der *globalisierten* Menschheit offensichtlich.
Der Jahrmarktslärm *intermedialer Vernetzung* bezieht seine auf vorpubertäre Albernheiten beschränkten inhaltlichen Brennpunkte genau aus den Regionen, die seinen bevorzugten schlüpfrigen und trivialen Tummelplatz ausmachen: denjenigen unter der Gürtellinie. Nivellierte harmlose Konsum-Sexualität mit festgelegter Dramaturgie einerseits wie *medial* propagandierte sexuelle «Tabubrüche» andererseits sind kommerzialistische Selbstläufer. Hinter ihnen steht das «Ideal» der Züchtung eines neuen riesigen, kommerziell auszuweidenden Plebejerstandes, dessen mentale und physiologische Degeneration vom plutokratischen Kreislauf des digitalen Schwachsinns beliebig steuerbar sein wird – manipulierbares Wachs in der anonymen Hand. «Brot und Spiele», «panem et circenses», ist das inoffizielle politisch-imperiale Schlagwort damals wie heute.

Das einst politisch und geistesgeschichtlich leitende klassische Ideal der Harmonie von Körper und Geist, Sinnlichkeit und Ratio – welches im übrigen die einzig stabile Grundlage eines emanzipatorisch-respektvollen Zusammenklangs der Geschlechter zu bieten vermag – ist von der *vernetzten Medien- und Informationsgesellschaft* sang-, klang- und protestlos auf den Müllhaufen der höchstens noch museal begafften Geschichte geworfen worden.
Die permanente pornographische Schein-Inthronisierung des Körperlich-Sexuellen, welche in Wahrheit nichts anderes als dessen rigide Knebelung und Unterdrückung darstellt, vernichtet jegliche existentielle Möglichkeit einer individuell-authentischen Erfahrung von Körperlichkeit – und ihrer Begrenzung und Vergänglichkeit.
Die in Fernseh- und Werbebildern fälschlich mit den Attributen der «Postmoderne» und «Liberalität» geschmückte angebliche Beliebigkeit sexueller Orientierungen und Praktiken hat nicht das geringste mit freier libidinöser Selbstbestimmung zu tun – sie besitzt im Gegenteil ausschließlich pathologischen Zwangscharakter: im haltlosen Schwanken zwischen permanent-diffusem Unbefriedigtsein mit wollüstig-gehemmter Prüderie und kalkulierter virtueller Promiskuität, der lustlosesten Stagnation und Frustration.
Die Sexualmentalität der *vernetzten Medien*gesellschaft mit ihrer billig verschacherten Ramschware hat den klassisch-humanistischen Gedanken «heidnisch»-sinnlicher Unbefangenheit und der Körper-Seele-Harmonie vollständig aus ihrem Gesichtskreis verbannt. An ihre Stelle ist die bleichsüchtige Koinzidenz von Kloster und Bordell getreten.

6.

Die im Kapitel «Logos und Syntax» erwähnte Bedeutungsentleerung sprachlicher und ikonischer Zeichen durch den inflationären Gebrauch von Superlativen läßt sich nunmehr noch genauer beschreiben. Der explosionsartig sich selbst vermehrende Gebrauch semantischer Superlative, der in der öffentlichen und privaten *interaktiven Kommunikation* die bizarrsten und lächerlichsten sprachlichen Blüten treibt, ist Motor und Indikator des kompensatorischen Unbehagens an der Sinnentleerung *intermedial vernetzter* Zeichensysteme. Die inflationäre tautologische Spirale der Superlative stellt den vital und intellektual verschlissenen Möchtegern-

Gestus des *medial vernetzten* Neoliberalismus dar. Sie zeigt einen sinnlosen Zeichenkreislauf, in dem einem formalisierten Spiel von Signifikanten keine Bedeutungen mehr entsprechen.

Ein Wettlauf von Superlativen setzt unweigerlich, sei es in der Kunst oder im Leben, dort ein, wo Form und Inhalt nicht mehr vermittelt oder vermittelbar sind, wo die aus diesem Defizit resultierende Bedeutungsverarmung durch eine inflationäre Verselbständigung der (Reiz-) Signale kompensiert wird. Auf Schritt und Tritt suggerieren formal-imaginäre, schematische Superlative die kreditartig aufgeschobene Einlösung inhaltlicher Versprechen, denen kein wirklicher Gegenwert entspricht.

Doch auch die Hyperbolik des *intermedialen* Zirkus ist schnell an ihre zeichenstiftenden Grenzen gelangt. Wo allein noch der Gestus leichtsinniger Überspanntheit einzulösende Korrespondenzen ohne Gegenwert suggeriert, provoziert das früher oder später zutage tretende Mißverhältnis von Schein und Sein zwangsläufig Frustrationen. Die Veräußerlichung von Superlativen, denen kein innerer Gehalt zukommt, ruft den Weg der destruktiven Verinnerlichung wach. So schlägt die leere Form kompensationserstrebender Autoaggressivität in diffuse Aggression nach außen um. Zwischenmenschliche Gewalt und alle möglichen Formen der inneren und äußeren Selbstverstümmelung stellen nicht nur das sekundäre Überborden virtuell vorgelebter Gewaltphantasien dar, sondern sind konsequenter Ausdruck einer doppelten kommerziellen Strategie, der gleichzeitigen Entleerung und Überfrachtung der Einbildungskraft durch die gleichzeitige Abschaffung und Neu-Simulierung von «Welt». Die *mediale* Virtualisierung der Welt schafft sich ihren unerschöpflichen Markt, indem sie mit Schein- und Ersatzbefriedigungen die primäre Langeweile und Existenzangst, die schale geistige Leere eben nicht ausgleicht. In die unvermittelte «Welt» chimärischer Schatten-Substitutionen sperrt sie das Individuum, vor allem das noch wenig gereifte, ein.

Die Menschen verschmachten in Begierden, die niemals ein Genuß erfüllt.

Veräußerung des Menschen und der Welt

1.

Das Diktat des banausischen Gleichschaltungstrends zeichnet dem zeitgenössischen Individuum mit Katzengold einen glitzernd-tückischen Flanierweg von der Wiege bis zur Bahre vor. Einzig auf diesem Hintergrund ist die in Papageien-Manier wiederholte Forderung zu bewerten, man solle Kinder und Jugendliche möglichst schon im Vor- und Grundschulalter an den Gebrauch von Computern und elektronischen *Medien* gewöhnen. Hinter der populistischen Forderung steht nichts anderes als die terroristische Markt-Raison, das heranwachsende Individuum von der Sprache als ursprünglichem Medium freier und vernünftiger Selbstäußerung zu entfernen und dauerhaft zu entfremden. Die Vermittlungsnatur der Sprache, ihre hermetisch-kreative Zwischen- und Verbindungsposition zwischen Natur und Geist, Sinnlichkeit und Intellekt, Materie und Idee, welche sie als das aufklärerisch-reflexive Meta-Medium von Kultur par excellence auszeichnet, soll auf der veräußerlichten Ebene monodimensionaler Funktionseinheiten zum abstrakten *Code* reduziert und verelendet werden.

Zuerst sollen Kinder schon in der Grundschule jeden persönlichen und physisch-unmittelbaren Bezug zur Sprache verlieren, indem sie keine individuelle Handschrift mehr entwickeln. Mit dem unmittelbaren Kontakt zur graphisch-materiellen Äußerlichkeit der Sprache wird zugleich der imaginative Bezug zu ihrer ideellen Be-Deutung gravierend beeinträchtigt. Die durch Knopfdruck und Computerbildschirm abstrahierte Künstlichkeit von Sprachzeichen öffnet dem verheerenden – und leider seit Jahrzehnten in seinen angeblich strukturalistischen historischen Wurzeln ebenso unverstandenen wie verbreiteten – Trugschluß Tür und Tor, Sprache sei vornehmlich ein statisches System *codierter* Zeichen. Sprache wird für Heranwachsende zu einem reizlos-abstrakten Funktionscode degradiert. Jeder sprachliche Bezug zum Ich und seiner sich hermeneutisch, raumzeitlich und denkerisch konstituierenden intellektuellen und ästhetischen Existenz wird von vornherein eliminiert. Die Vermittlung von Physis, Psyche und Geist, von Individuellem und Allgemeinem, Empirischem und Ideellem, wird von Grund auf negiert, an die unvermittelte Abstraktheit veräußerlichter *Codierung* delegiert und semantisch entleert. Was in der gesamten zeitgemäß «reformierten» Pädagogik und «Bildungs»-Politik autoritär eingeführt und durchgesetzt wird, ist das sprachlich-intellektuelle Kastratentum des *Icon* und *Hyperlink*.

Was für die Verstümmelung der kreativen Fähigkeiten von Kindern und Jugendlichen gilt, ist naturgemäß auch Ausdruckszeichen des gesamtgesellschaftlichen geistigen und vitalen Verfalls. Der Rezipient einer auf eine zeitlich-räumliche Oberfläche planierten Flut visueller Bilder und Schemata steht unter dem hypnotischen Bann eines Kreislaufs scheinbar eigenständiger virtueller Partikel. Er ist letzten Endes Teilhaber am Ritual eines kommerziellen Schamanismus, der ihn der existentiellen eigenen Identitätsverantwortung scheinbar sanft enthebt.

Die stärkste Suggestivkraft dieses archaisch-modernistischen gauklerischen Zaubers entsteht aus der von Kant vor mehr als zweihundert Jahren als wirkungsmächtigste antagonistische Kraft gegenüber Aufklärung und autonomem Vernunftgebrauch benannten inneren Hemmung: der Trägheit, Bequemlichkeit und geistigen Passivität.

Passivität ist immer der Weg des geringsten Widerstands, und selbst geistig rührige und kreative Kinder lassen sich von der faktischen Gewalt des angeblich Wirklichen und Unproblematischen irgendwann zurechtbiegen, *informieren* und ergo uniformieren. Die Mehrzahl der Menschen wird von den bequemlichen Lockungen der Passivität und der Schein-Orientierung eingefangen und weich gebettet. Die angebliche Vielfalt der sogenannten postmodernen Beliebigkeit der Lebensorientierung besteht tatsächlich nur aus vorfabrizierten Angeboten eines trivialen Fetisch-Kramladens moderner Weltinterpretationen. Die «freie» Auswahl ist fingiert, die «Verwirklichung» unfrei.

2.

Man spiegele sich keine Illusionen vor: Im großen und ganzen werden Kinder und Jugendliche von digital-virtuellen *medialen* Welten nicht zu kreativem Spiel von Phantasie und Intellekt motiviert, sondern in die passivische Haltung des Sich-Berieseln-Lassens eingewöhnt, ja brutal trainiert. Ein die «Logik» des *Hyperlink* sich aneignender Lernender vefällt auf das infantile Bewußtsein, mit dem Betätigen eines elektrischen Schaltkontakts ein kompensatorisches Machtgefühl in diesem Erlebnis

auszukosten. So weit reichen die Gedanken der Erziehenden und der Erzogenen (naturgemäß) jedoch nicht. Passivische Berieselung ist die von Heranwachsenden und (vorzeitig senil gestimmten) «Erwachsenen» übernommene Direktive im Umgang mit Computern und *neuen Medien*.
Die Forderung nach Computern schon in Grundschulen verrät in erster Linie das Hinzielen auf eine von Anfang an aufdiktierte Einübung einer unpersönlichen, inhaltlich verarmten, intellektuell und ästhetisch reduzierten «Sprache». Zur gedanklichen und epischen Odyssee wirklichen Spracherwerbs aber gehören Zeit und die Freiheit, sich Zeit zu nehmen: die von der neoliberalen *Medien*-Pädagogik der *Informationsgesellschaft* diabolisierte Kardinalsünde gegen das Gebot der Anpassung. Das häßliche Gespenst der totalen Erfassung des Individuums zelebriert auf allen gesellschaftlichen Ebenen seine schmutzige Wiederauferstehung: digital kontrolliert von der Wiege bis zur Bahre.
Die *informative Vernetzung* der Welt beschneidet rigoros die kindliche sprachlich-gedankliche Entwicklung und Erlernung eines kontinuierlich zu erarbeitenden Vorverständnisses der Welt und der individuellen Existenz. Der in Enzensbergers Gedicht «Ins Lesebuch für die Oberstufe» im bitteren Ton der Satire artikulierten Aufforderung, nicht Lyrik, sondern Fahrpläne zu lesen, wird von der *Wissens- und Informationsgesellschaft* in makaber-grotesker Übersteigerung entsprochen. Nicht einmal Straßenbahn-Fahrpläne sind mehr zu lesen – sie werden durch aktualisierbare digitale Leuchttafeln ersetzt, die «ad hoc» zwanzig Minuten lang vorgeben, ein Verkehrsmittel werde «sofort» oder in «einer Minute» ankommen und so eine auf parallelen digitalen Tafeln angegebene statistische neunundneunzigprozentige Pünktlichkeit der Busse und Bahnen «belegen».
Mit der Computerisierung schon der frühkindlichen Lebensräume werden Erfahrung und heimatliche Welt, die menschliche Orientierungs- und Reflexionsfähigkeit, vernunftbestimmte Autonomie und Mündigkeit unheilbar verstümmelt. Vollkommen naiv ist der traumtänzerische Gedanke von «besonnenen» politischen Optimisten, Kinder und Jugendliche lernten den kritisch-distanzierten Umgang mit elektronisch *vernetzten Medien* «vernünftig» durch frühe Eingewöhnung. Kinder wollen ebenso wie kindische Erwachsene Knöpfe drücken und sich von den scheinbar überraschenden Effekten ihres zaubergauklerischen Beginnens berieseln lassen. Die zeitgeistige *Medienpädagogik* vereint Pädagogen und Zöglinge einzig in ihrer

sprachlichen und intellektuellen Debilität. Die ästhetische Kastration des Menschen durch *intermediale Vernetzung* ist letztlich auch gleichbedeutend mit seiner staatsbürgerlichen Entmündigung.

Die *medial vernetzte* Gesellschaft betreibt auch einen akustischen Verhunzungs-Akkord und verkauft ihn fälschlich als Musik. Der barbarische Lärm, das stupide Elektronik- und Einheits-Geklimper, das vorwiegend jungen Menschen heutzutage unter faktisch differenzlosen «Stil»-Termini als «Musik» und zeitgemäßer *Lifestyle* verschachert wird, ist besonders signifikanter Ausdruck einer verrotteten und vergreisten «Kultur» der Distinktionslosigkeit, Gleichschaltung und Verflachung. Nichts ist deprimierender als der Anblick von am Fleischerhaken des ästhetischen Gleichschaltungsterrors zappelnden jugendlichen Marionetten, die sich um angeblicher «Musik»-, Stil- und Lebenshaltungsunterschiede willen im Bandenkampf die Nasen blutig prügeln – während sie doch identische Opfer der *medialen* kommerziellen Nivellierungspropaganda sind, die alle fundamental menschlichen Differenzen längst eingeebnet hat.

3.

Auf den *Homepages* von Schulen ist von der Einrichtung von virtuellen «Schüler-*Communities*» die Rede. In ihrer *intermedialen Chat*-Zirkulation sollen die «toten Bibliotheken» zu *interaktiver* Lebendigkeit erweckt werden. Immer selbstverständlicher wird von allen Seiten der Vorstoß goutiert, Bücher abzuschaffen und deren Lektüre unter Heranwachsenden als vernachlässigenswert, gar als anachronistisch erscheinen zu lassen. Die komplexe Vermittlung von Wissen und gedanklicher Anregung soll verschwinden hinter der asyntaktisch zerbröckelnden Oberflächlichkeit isolierter Ad-hoc-Informationen. Schon heute ist kaum noch jemand in der Lage, die grammatikalisch und lexikalisch katastrophal verstümmelten Phrasen der herrschenden Medienschwätzer und die Telegrammstil-Verpanschung der Internet-Sprache in ihr banales rechtes Licht zu setzen. Längst ist die bauernschlaue Dummheit Wortführer eines verhunzten «Bildungsideals», welches die sprachlich-geistige Persönlichkeitsbildung und -reifung mittels der Degrammatikalisierung des Logos nachhaltig beschneidet, um ein Heer von Marionetten und eine totalitäre, primitive «Grammatik» additiver Informationsvernetzung an die Stelle autonom handelnder und denkender Individuen und ihrer gedanklichen Reflexionsfähigkeiten zu setzen.

Auf einem angeblich höheren Niveau des – vermeintlich kommunikativen – gesellschaftlichen *Diskurses* schmückt sich die tägliche Reproduktion der geistigen Verödung mit den euphemistisch aufgeblähten und peinlich inhaltsleeren Prädikaten der *Information*, der *Vernetzung*, der *Interdisziplinarität* und *Intermedialität*. Das sorgfältig ignorierte Gegenbild der Vernetzungs-Umtriebe sind Begriffs- und Inhaltskomplexe von kritisch-aufgeklärter Subjektivität und distinkter Bewußtwerdung des Menschen und der Welt: Innerlichkeit, Sammlung, Konzentration, beobachtende Selbstreflexion und denkerische wie handlungsbestimmende Freiheit. In sämtlichen – längst sprachlich zwangsuniformierten – Lebens-Belangen der *medial vernetzten Informationsgesellschaft* spielt sich die entfremdende Veräußerung des Ich an die Anonymität ab. In der vorherrschenden elektronisch-technokratischen Daten-Bürokratie des einundzwanzigsten Jahrhunderts ist die Entmündigung des Individuums verborgener, unspektakulärer, widerstandsloser und perfekter, als dies massenideologisch-totalitäre Gesellschaftssysteme im vergangenen zwanzigsten Jahrhundert zu leisten vermochten.

Dem Diktat der Anpassung unterliegen genauso die angeblich grenzenlosen Foren der *intermedialen Kommunikation*, der *Vernetzung* und sogenannten «Selbstverwirklichung»: reparative Psychotherapie, Internetforen, «Lebenshilfe»-Ratgeberliteratur, vernetzte Selbsthilfegruppen, «berufliche» Integrations-Programme (auch als *Job-Profiling* der Arbeitsagenturen kursierend) und ähnlich dümmlicher *Lifestyle*-Terror, jede Art von religiös-esoterischem scharlatanesken Unsinn und dergleichen. Die Gesellschaft und ihr kultureller Horizont sind im Zeichen des massenmedialen Informations- und Vernetzungszwangs zu einer in der Geschichte des Abendlandes einzigartigen und kaum noch rückwärts zu überholenden geistigen Primitivität degeneriert. Die elektronisch *vernetzten* Individuen sind an stumpfsinnig-schematische Raster veräußerlichter virtueller Bilder gebunden. Die Gewöhnung an diese veräußerlichten und konsumgerechten Bilder greift in allen Bildungsschichten um sich – selbst die seriöseren Zeitungen füllen inzwischen bis zur Hälfte einer Seite mit einem einzigen bunten Bild: alle Zeitungen werden zur Bild-Zeitung!

Das reklamehafte Immergleiche der sinnlos vernetzten Bilder und «Bildinformationen» ist zum würdelosen sterilen Kult geworden, der alles andere auszulöschen beginnt. Sein das gesamte gesellschaftliche Leben dominierendes Wahrzeichen ist zugleich sein reinster Ausdruck geistiger Leere: nämlich der asemantische Geräusch-Signifikant, dem heutzutage jegliches gesellschaftliche Treiben, «Denken» und Re-Agieren gehorcht. «Düdeldüt» ist das reine, leere Geräusch, welches das zeitgemäße individuelle und soziale menschliche Dasein bestimmt. Es ist Ausdruck des tiefsten ästhetischen und intellektuellen Niveaus, auf das die «rationalisierte» Gesellschaft sinken konnte und tatsächlich gesunken ist: Ausdruck der alles beherrschenden Banausie, der Diktatur des plebejischen Geschmacks und des gedankenlosen Jahrmarktlärms der Austreibung des Logos.

4.

Die desaströsen Verstümmelungen, welche Computerspiele seelisch (und auch körperlich) den ihnen verfallenen, ihrer Denk- und Handlungsautonomie systematisch beraubten, insbesondere heranwachsenden, Individuen zufügen, wären Gegenstand einer eigenen detaillierten Abhandlung und würden den Rahmen der gegenwärtigen Ausführungen überschreiten. Summa summarum stellen diese perfiden kommerziellen Produkte der manipulativen geistigen Abstumpfung der Massen vor allem ein besonders schäbiges Niveau der Fremdbestimmung dar, der gewaltsamen Exilierung des Geistes, der systematischen Abstumpfung und Verdummung des Menschen durch den lügenhaften Schein der *vernetzten* Partizipation an einem angeblich *medialen* Kreislauf. Die von einer verbrecherischen Unterhaltungselektronik-Industrie und dem Heer von ihr korrumpierter Soziologen, Psychologen und sogenannter *Mediendidaktik*-Experten gebetsmühlenartig propagandierte «Unterscheidung» zwischen «sinnvoller» und «weniger wertvoller» Unterhaltungs-Berieselung ist eine plumpe Lüge und Augenwischerei. Bei Computerspielen geht es in jedem Fall um die abstrakte und entfremdende Umstülpung und Veräußerlichung des Benutzers und seines seelisch-mentalen Innenraums, des primären Funktionsraums des ästhetisch und kognitiv reflektierten Selbstbewußtseins, also des distinkten Ich-Bewußtseins überhaupt.

Die mental konzentrierte Innerlichkeit der Person wird durchweg in der Suggestion eines Dauer-Amüsement-Phantasmas an das manipulative Diktat einförmig-repetitiver, biographisch-persönlich entfremdeter Oberflächenbilder verraten. In dieser lückenlosen Manipulationsfunktion repräsentieren Computerspiele pars pro toto das gesamtgesellschaftliche Gedanken-Kontroll-System der kollektiv veräußerlichenden Deformierung des menschlichen Bewußtseins. Die weit und leider vor allem unter Jugendlichen verbreitete menschliche Selbstentwürdigung durch die quasimilitärische Subordination der Persönlichkeit unter die krankhaften, künstlich-virtuell erzeugten Fieberphantasien von Computerspielen ist eine der giftigsten und katastrophalsten Folge-Entartungen der digitalisierten *Medien- und Informationsgesellschaft.*

Computerspiele sind symptomatischer Ausdruck einer perversen menschlichen Selbstverkleinerung, ein Zerrbild des Humanitäts-Gedankens in projektiver menschlicher Selbstverstümmelung. Die kitschige, euphemistisch glättende Amputation anatomischer Proportionen in der angeblich immer «realistischer» werdenden visuell-digitalen Simulations-Optik entspricht genau der Verhunzung der Sprache zur Comic-Sprechblase. In beiden *medialen* Schein-Darbietungen werden das geistig-vitale Siechtum und der morbide Wille zur grotesken Verkoboldung des menschlichen Selbstbildes in entmenschten Comic-Karikaturen kommerziell angefacht und genährt. Wie jede kitschig-totalitäre Ästhetik und Autoritätshörigkeit, bezieht die artifizielle Bildlichkeit der *Computer-Games* ihre triviale Kirmes-Attraktivität aus der psychopathologischen Selbstwertverkleinerung des geistig ausgeschalteten Rezipienten. Dessen simulatorische (Selbst-)Demütigungskompensation trägt zahlreiche Züge des von Heinrich Mann literarisch skizzierten Typus des «Untertans».

Das grauenhaft geschmacklose digitale «Düdeldüt»-Nachgeleier klassischer Melodien durch die comicartigen Klingeltöne von Mobiltelefonen, von dem man in der Öffentlichkeit mit der lästigen Zudringlichkeit nicht zu verscheuchender Insekten bombardiert wird, bildet einen traurigen Tiefpunkt der zeitgenössischen kulturellen Verkommenheit. Es stellt auf akustischer Ebene ein exaktes Analogon zum perversen menschlichen Selbstverkleinerungswillen in den visuellen Schemata des *Screen* und *Display* dar, die Entwürdigung des menschlichen Selbstverständnisses zur lächerlich-grotesken, vertierten Karikatur. Der «Erfolge» einheimsende «Second-Life»-Schwachsinn im kommerziellen Internet, der aller künstlerisch-mimetischen Reflexion nur Hohn spricht, wird von «Medientheoretikern» allen Ernstes zu einer Kunstform hochstilisiert.

Die geschilderten Phänomene sind Tiefpunkte des Kultursterbens, die längst alle sozialen Schichten umgreifen und nivellieren. Die diktatorische Verstümmelung und Karikierung der Idee vom Menschen ist zum plebejisch-bourgeoisen «Ideal» des versippten antihumanistischen Global-Nonsens und seiner pausenlosen Zirkulation geworden.
Nicht nur für Menschen, die viele Stunden des Tages mit Computerspielen und dem ziel- und gedankenlosen *Surfen* im Internet verbringen, ist die entfremdende Verlagerung des inneren Bewußtseins-Schwerpunkts in veräußerlichte und rein passiv rezipierte Bilder und Reize von Relevanz. Kaum noch jemand vermag sich sowohl in den «Haupt»- als auch den «Zwischen»-Zeiten seines alltäglichen Lebens ohne optisch-virtuelle *Display*-Kinematographie und akustische «Düdeldüt»-Berieselung zu orientieren und zu beschäftigen. Die «kabellose» Verkabelung des Menschen mit immer ausgefeilteren, immer schwachsinnigeren Schein-Welten, das Rund-um-die-Uhr-*Online*-Sein im digitalen Zeitalter realisiert eine absolute Dezentrierung der Persönlichkeit. Die – im Sinne neuzeitlich-aufklärerischer Bewußtseins- und Vernunftphilosophie – dezidiert in einem inneren mentalen Schwerpunkt des Selbstbewußtseins und des Ich aufzusuchende Zentralperspektive der Person und ihrer Welt wird vollständig an die passivische Perzeption künstlicher Reize veräußert.
Die *vernetzte Massenkommunikation* ist das Gegenteil von kommunikativer Aufgeschlossenheit und autonomer Weltorientierung. Längst zeigt das alltäglich vorherrschende Straßenbild zum großen Teil nicht sich in Raum und Zeit bewegende Menschen, sondern ferngesteuerte und quasi somnambule Zombies, deren Reaktionen weitgehend vom Sicht- und Fluchtpunkt ihres *Display* oder *Screen* absorbiert erscheinen. Der unspektakulärste und zugleich größte, mit allen Hypnose-Instrumenten der Abstumpfung und Seichtigkeits-Gehirnwäsche bekämpfte Feind der *medialen* Unterhaltung ist das kontemplative Inne-Halten, der unmittelbare Punkt reflexiver Selbstbewußtwerdung.
Das totalitäre und massenmanipulative Kino der virtuellen Pöbelbelustigung im Horizont des schlechten Geschmacks stellt eine kreisläufige Selbsterhaltungsfunktion dar. Schon die alten Römer kannten die wirtschafts- und machtpolitische Effizienz des Grundsatzes «Brot und Spiele». Der bisweilen noch als museales Relikt in die Zeitgeschichtsschreibung ragende tradierte Wert der Innerlichkeit, des Horchens auf das eigene

Selbst, existiert im Gefüge *interaktiver Vernetzung* nur noch als Selbst-Umstülpung und Totalentäußerung: als scharlataneske Ratgeberliteratur, als esoterisches Sektenwesen jeder Art, als «Höre-auf-dein-Selbst»-, «Chill-out-and-power»- und «Simplify-your-Life»-Kitsch in allen schauderhaften Varianten geistiger Verödung, und – mit behäbig kaschierter geistiger Aufwertung – als Spruchsammelsurium fernöstlicher Weisheiten für europäische Wohn- und Wartezimmer. Der kommerziell veroberflächlichte Kult des Ego und seines angeblichen Innenlebens bedeutet in Wahrheit dessen vollständige seelische, intellektuelle und ästhetisch-sprachliche Veräußerlichung und Entleerung, die irreversible Verbarrikadierung des mentalen Rückwegs zum Innen, zur Reflexion, zur Kritik, zu distinkter Sinn- und Bedeutungskonstitution. Was Heidegger einst als entfremdende Veräußerung des existentiellen Selbst an das öffentliche «Man» kritisierte, war bei ihm aus existenzphilosophisch-ontologischem Blickwinkel lediglich als mangelnde Vermitteltheit zweier prinzipiell syntaktisch strukturierter und so letztlich doch vermittelbarer Sphären gedacht. Heutzutage ist der hermeneutische Zirkel der kommunikativen Vermittlung an seiner Wurzel zerschnitten, denn die nachgerade jede Individualität absorbierende Sphäre des «Man» hat sich jeglicher gedanklich-inhaltlichen Kommunikation entledigt.

5.

Augenfällige Indizien für die freiheitsberaubende Veräußerung des menschlichen Innenreichs sind die von der massenmedialen Meinungsmanipulationsmaschinerie gezüchtete epidemische Sport-Hysterie und der mit propagandistischer Geschmacklosigkeit verordnete gesellschaftlich-kulturelle Zwangsoptimismus. Sie stellen im Zeichen der *Globalisierung* nichts anderes als zeitgemäße Varianten der historischen «Kraft-durch-Freude»-Propaganda dar (jüngst noch in der unsäglich peinlichen «Du-bist-Deutschland»-Kampagne). Die Bilder- und Reizüberflutung im Prominenten-Kult, des systematisch gezüchteten *Fitness*- und Körperertüchtigungswahns reproduziert unablässig eine lügnerische und primitive Kitsch-Ästhetik faschistischer respektive stalinistischer Provenienz. Nahezu sämtliche semantisch inflationären Reizüberflutungen der massenmedialen Gehirnwäsche basieren auf verlogenen Euphemismen, sie repräsentieren eine aus hysterisch-verquastem Gründerzeit-Monumentalismus und Viehherden-Scheinglück zusammengestückelte Pappmaché-Welt. Krankenkassen werden idiotischerweise in «Gesundheitskassen» umbenannt, statt von Alten- und Krankenpflege wird von «Schmerzmanagement», «Kundenbetreuung» oder gar «Sterbemanagement» gesprochen. Für das Heer der von der Welt des Lügen-Scheins und des Leistungs- und Anpassungsterrors produzierten seelischen Wracks, der Medikamenten- und Magersüchtigen übernehmen *Wellness*- und *Chill-out*-Programme die funktionelle Reintegration in die verwaltete Inhumanität. Hierzu sind die Aufgaben von Psychotherapeuten und Bewährungshelfern längst passend degradiert worden.

Wellness, *Lifestyle*, *Coaching* und *Management* sind nur einige prominente der ästhetisch peinlichen, in ihrer inhaltlichen Leere umso zwanghafteren Modewörter, welche als Fanale der Vergewaltigung kritisch-distanzierten Denkens und Sprechens eine «Kultur» des geistigen Todes der Individuen etikettieren. Die Propaganda des unreflektierten Geschwätzes der Massenmedien ersetzt mit wesentlich nachhaltigerer Perfektion diejenige früherer Obrigkeits-Autoritäten und Kanzelpredigten. Die im eugenischen Züchtungs-Scheinideal juvenile, in geistig-kultureller Hinsicht aber senile *Fitness*- und Körperästhetik – in der gleichgeschalteten Kasernierung von lächerlich-grotesk zappelnden Hampelmännern und Hampelfrauen in sogenannten Fitness-Studios traurig-real aufs öffentliche Tableau äußerster Geschmacklosigkeit gebracht – geriert sich optimistisch und weltzugewandt, ist in Wirklichkeit aber weltfern und unlebendig. Die propagandistisch verordnete Verdrängung von Alter, Krankheit und Tod bezeugt umgekehrt eine bedrückende Antizipation des Todes im Diesseits.

Ganze Bevölkerungsgruppen und Nationen identifizieren sich bildergesteuert mit den zumeist zu künstlichen Leistungsmaschinen «gedopten» und hochgezüchteten Spitzensportlern, die allzu häufig nicht einmal zur Artikulation eines einzigen vollständigen und auch nur äußerlich-grammatisch richtigen Satzes in ihrer Muttersprache fähig sind.

6.

Das von der tagtäglich in den *Medien* präsentierten Schund- und Massenästhetik des Boulevards bestimmte heutige Konzept von menschlicher «Bildung» orientiert sich durchweg an der schematischen effektheischenden *Ranking*-Sucht des sportlichen Wettbewerbs, einem Leistungsterror, der agrammatikalisches Herumgeplapper nach zufälligem Verderb und Gedeihen mit der Narrenkrone des *Jackpots* oder der Eselsmütze belohnt. Dies läßt sich in peinlichster und geschmacklosester Ausprägung an den sogenannten «Wissens»-*Quiz-Shows* im Fernsehen ablesen, in welchen «Bildung» auf das unreflektierte *Multiple-Choice*-Prinzip gegenüber dogmatisch abgefragten Vorgaben hin verkrüppelt wird. (Dazu Näheres im folgenden Kapitel.)

«Bildung» in der *vernetzten Wissens- und Informationsgesellschaft* ist auf genau dieses Prinzip der abstrakt *codierten* Wissens- und Gedankenentfremdung zurechtgestutzt. Es geht nicht um kreative wechselseitige Durchdringung von Intellekt und Erfahrung, sondern um strikte Unterordnung der zu Wissenspapageien degradierten Individuen, um Unterordnung unter die enge und gleichgültige Auswahl zwischen marginal differierenden und in ihrem schematisierten Wesen identischen Primitiv-Modellen der Welt. Fast erübrigt es sich zu erwähnen, daß die parteipolitische Praxis der immerhin verfassungsmäßig vorgegebenen Mitwirkung an der Meinungsbildung sich im permanenten stupiden Wahlkampfgezänk ausschließlich an solchen fragwürdigen Fertigmodellen verflachter schablonisierter Weltinterpretation orientiert. Es sei eingeräumt, daß in lebenspraktischer Hinsicht diese Tatsache nicht unbedingt nur zu verurteilen ist. Die Politbürokraten-Oligarchie hat der westlichen Welt in der jüngeren Geschichte relativen Frieden und relative Stabilität gesichert. Durch die prahlerisch-unrechtmäßige Selbstattribuierung mit pathetischen Adjektiven aus dem Geiste aufklärerisch-individualistischer Selbstbestimmung gibt sie sich allerdings heute mehr denn je der Lächerlichkeit preis: «individuell», «frei», «selbstbestimmt» und «kreativ» sind die allgegenwärtigen Pseudo-Freiheits-Attestierungen.

In der *vernetzten Informationsgesellschaft* geht es nicht um die kritische Vermittlung von Wissen, sondern um die funktionalistische Abrichtung von Individuen mittels einer Steuerung der Verfügbarkeit über standardisierte, gedanklich nicht durchdrungene Inhalte und Fähigkeiten. Vor allem mit dem epigonal aufgewärmten und gänzlich unverstanden-oberflächlichen postulatorischen Schlagwort vom «lebenslangen Lernen» ist nichts weiter als der, je nach individueller Intelligenz, unterschiedlich große Radius der «freiwillig»-bereitwilligen Zwangsangleichung des Geistes an die Funktionsweise eines zwischenspeichernden Mikroprozessors gemeint. «Bildung» wird ausschließlich in einem das individuelle Bewußtsein deformierenden Sinne funktionalistischer «Flexibilität» verstanden. Vor allem geht es nicht in erster, sondern erst in zweiter, abgeleiteter Linie um die Anpassung der individuellen Lebensumstände an gesellschaftliche Erfordernisse. Die gewaltsame Zwangsdeformierung des Individuums setzt zuerst im innerlich-mentalen Bereich an. Das modisch propagierte «lebenslange Lernen» gilt heute nicht einem bildungs- und lernfähigen Vernunftsubjekt, welches an einer eigenen Biographie und Geschichte arbeitet, sondern einem funktionalistischen Menschentypus, dessen Vorbild die je nach aktuellen Erfordernissen zu instruierende und partiell wieder zu löschende Festplatte, oder mehr noch der mobile Datenträger ist.

Sämtliche sogenannten «Bildungsreformen» von heute zielen auf das funktionalistische «Ideal» der Entmenschung des Menschen. Ungeachtet der teilweise noch anachronistisch mitgeschleppten esoterisch-seichten Terminologien mancher wohlmeinender, «ganzheitlich» pädagogisch-didaktischer Bestrebungen hat das zeitgemäße Konzept des Lernens scharfe und einsilbige Konturen. Es hat sich vom aufklärerischen Menschenbild ebenso radikal verabschiedet wie vom humanistischen Bildungsgedanken, welchen es allerdings mit der schamlosen Verlogenheit des modernen Reklamegetöses nach wie vor im Munde führt.

7.

Die Präsentationen von beruflichen Lebensläufen, Ausbildungen, akademischen Werdegängen und anderen persönlichen Profilskizzierungen sind heute allein noch in der Form der Tabelle erwünscht, der öden Liste von Kurzdaten. Mit dem überall erwünschten Verzicht auf die syntaktische Organisation, die genuin s p r a c h l i c h e Darbietung der Informationen artikuliert sich die Eliminierung eines zeitlich-geschichtlichen Selbstbewußtseins. Die bloß synoptisch-tabellenhafte *Vernetzung* von Einzel-Informationen bedeutet die Tilgung jeglicher Verständnisstruktur und Sinnkohärenz, eine geschichtsvergessene Verflachung der menschlichen Existenz zur geometrisch zweidimensionalen Oberfläche der Tabelle und des Bildschirms.

Die zeitlich-existentiellen Dimensionen Vergangenheit, Gegenwart und Zukunft werden auf der Oberfläche der handlichen Tabellen-Synopsis zu alles und nichts sagenden Informationsvariablen eingeschmolzen. Jede individuelle Vita wird zur kalkulatorischen Funktionseinheit einer permanent gegenwartslosen toten Schein-Gegenwart. Mit der überall geforderten Eliminierung der grammatisch organisierten Sprachverfassung schon der verschriftlichen eigenen Biographie-Skizze werden die Menschen in die habituelle Tilgung ihres Lebens, ihrer Existenz und ihres Weltbezugs quasi-militärisch eintrainiert. Die Indoktrinierungsbürokratie zu dieser zwanghaften Selbststerilisation beginnt heutzutage spätestens in der Grundschule ihren unerbittlichen Lauf.

Der primitiven, pseudo-synchronisierten Synopsis des Lebens mit elektronisch-virtuell kompatibler Methodik und Ikonik geht es um die Simulation ewiger Gegenwärtigkeit. Mit dieser Dauer-Vorgaukelung werden die heranwachsenden Menschen zur Grundhaltung passiven Einverständnisses mit dem Bestehenden manipuliert. Nichts scheint doch «kosmopolitischer» zu sein als die permanente Flächen-Kristallisation eines unbegrenzten, digital verfügbaren Informationsflusses.

Es ist an dieser Stelle angebracht, sich der Heideggerschen Bestimmung von Zeitlichkeit als eines Daseinsexistentials zu besinnen, ohne daß daraus umfassende systemphilosophische Folgerungen oder gar Forderungen gezogen werden sollen. Die existentielle – und als hermeneutisches Welt-Verständnis als real erfahrene – Zeit gründet im ekstatischen Ineinandergreifen ihrer Dimensionen von Vergangenheit, Gegenwart und Zukunft.

Die stillgestellte Zeit des digitalen *Screen* tilgt jedoch alle Dimensionen menschlicher Erfahrungsfähigkeit im falschen Gewärtigen: der permanenten und doch wie Knetmasse verbiegbaren Gewärtigung einer «Gegenwart», die keine ist, weil sie keinen komplementären Begriff von Vergangenheit und Zukunft kennt. Die elektronisch *vernetzte Wissens- und Informationsgesellschaft* ist ohne Vergangenheit, ohne Gegenwart und ohne Zukunft. Ihr reines und leeres Wesen besteht in der abgestumpften Wiederholung dessen, was chimärisch «ist».

Alle «bildungspolitischen» Reformen von heute, die den Nachwuchs *fit* für die *Globalisierung* machen sollen, streben die Abrichtung zur bloßen Brauchbarkeit an. Was sich in der totalen Pervertierung des aufklärerischen Bildungsbegriffs heute als «Bildungsreformen» gleichermaßen gravitätisch wie frech aufplustert, zielt auf die Eliminierung des

aufklärerischen Bildungsindividuums, auf die digitale Uniformierung und totale geistige Entleerung der Menschheit.
Niemand hat mehr die Zeit für größere epische Werke der Weltliteratur. Verkitschte Tolstoj-Verfilmungen animieren nicht zur Romanlektüre, sondern halten davon ab, weil ihre klischeehafte Trivialität bewirkt, daß man «damit fertig» geworden ist wie mit anderen Konsum- und Kulturindustriegütern der Wegwerfgesellschaft. Grundsätzlich verdächtig ist derjenige, der Zeit hat oder sich Zeit nimmt für «Anna Karenina», «Krieg und Frieden», die gewaltigen Epen oder epischen Zyklen Balzacs, Zolas, Dostojewskis, Musils, Thomas Manns, Joyces oder Prousts. Ein literaturwissenschaftlicher Dozent wird heute größtenteils belächelt, wenn er – tollkühn und anachronistisch – vorhat, ein Werk von «unmodisch langem Atem» (Thomas Mann) zu behandeln. Wer sich die entsprechende kontemplative Zeit nimmt, ist nicht ein romantischer Eichendorffscher Taugenichts, sondern ein nichtsnutziger Müßiggänger und tendenziell Asozialer, weil sein souveräner Akt des Sich-Zeit-Nehmens skandalös demonstriert, «Zeit zu haben». Dies aber bedeutet die subversiv gegen die *Medien- und Informationsgesellschaft* gerichtete und von dieser effektiv sanktionierte Kardinalsünde. Man denke exemplarisch nur an antreibende Studiengebühren und den Zwang studienbegleitender «berufs»-vorbereitender Praktika. Sogar in literaturwissenschaftlichen Studiengängen ist ein ganzheitliches und gründliches Lesen poetischer Werke schlechthin nicht mehr erwünscht. Alle gegenteiligen Beteuerungen sind verharmlosende Augenwischerei in einer Situation, in der Seminare über Autoren und literarische Werke generell aus dem akademisch-philologischen Lehrangebot verschwinden – einer Situation vorausschauender Speichelleckerei der akademischen «Elite» gegenüber der geistigen Anpassung und Gleichschaltung.
«Zeit haben» kann man nur in einem existentiellen Sinne von Lebenszeit. Bedingung hierfür ist eine offene hermeneutische Korrelation von Erleben und Wissen, von gegliedertem Gegenwartsbewußtsein und gegliedert-erinnerter Retrospektive. Der *mediale* Berieselungszirkus der *vernetzten Wissens- und Informationsgesellschaft* hat aufgrund seiner ökonomistisch gefräßigen Schnellebigkeit keine Zeit, aber auch weil er keine lebendigen Gliederungseinheiten kennt.
Die monotone Reproduktion des immergleichen Schwachsinns in der episodenhaften Zerstückelung eines zum *Entertainment* depravierten Schein-

Lebens in *Soap-Operas*, Fernsehshows, *Doku-Soaps*, infantiler Internet-Kirmes, aufgeputschter Sport- und Star-Hysterie, *interaktiven* und *intermedialen* «Wissenschafts»-Foren kennt keine individuelle lebensgeschichtliche Zeit. Längst ist der schwachsinnige Kitsch des Boulevards Muster- und Leitbild auch der akademischen Beschäftigung mit Kultur. Die Konsumenten des massenmedialen Zirkus erliegen einer sinn-, sprach- und entwicklungslosen Zerstückelung des Lebens zu beziehungslosen Fragmenten, die letztlich nicht einmal mehr Episoden-Charakter besitzen.

8.

Was der 10. Mai 1933 nur symbolisch «unvollkommen» bewerkstelligte, wird heute in akademischen Bibliotheken im Zuge informationstechnologischer Digitalisierung zur perversen Perfektion geführt: die systematische Vernichtung von Büchern. Unter diversen fadenscheinigen Vorwänden werden Bücher aus dem manuell-haptischen Orientierungskreis von Benutzern entfernt, durch «Digitalisate» und Computer ersetzt und nicht selten mit dem Verdikt «veraltet» auf den Müll geworfen. Daß ein Student («zu Recht») zu murren hat, wenn er ein Buch in die Hand nehmen soll und den klausurrelevanten Papageienspruch nicht auf sein *Display* laden kann, wird ihm vom ersten Semester an propagandistisch eingebleut. Die Abschaffung von Zettelkatalogen und die digitale Umstrukturierung von Bibliotheken zielen auf zweierlei: erstens darauf, die Bibliothek als Aufenthaltsraum für den konzentriert lesenden Menschen unmöglich zu machen, und zweitens auf die Entfernung, respektive Abschaffung von Büchern überhaupt. Mit den Büchern werden zugleich die literarisierten Menschen abgeschafft – eine Einheit im totalitären Prozeß der Austreibung des Logos.

Die Räumlichkeiten der Bibliotheken werden in klinisch-sterile, unpersönliche Geschäfts- und Betriebslokalitäten umgewandelt. Nichts soll sie mehr von der hektisch-betriebsamen Wartehalle eines Flughafens unterscheiden; vor allem werden Anzeichen für Individualität und Wohnlichkeit rigoros getilgt. Mit atemberaubender Raschheit sind sämtliche zum lesenden Innehalten animierenden Sitzgelegenheiten durch aneinandergereihte harte und kalte Metallstühle ersetzt worden, Arme-Sünder-Bänke, wie sie an Bushaltestellen, auf Bahnhöfen und in Flughafenwartebereichen aufgestellt sind. Wer sich die Zeit zu denkerischer Kontemplation nehmen wollte, wird von vornherein ungastlich abgewiesen. Willkommen ist allein, wer – wie am Flughafen – keinen festen Ort vertrauter Existenzerfahrung besitzt, wer «flexibel» ist.

Geistige Orientierung soll kein vertraulich-wohnliches Sich-Aufhalten sein, sondern Fast-Food-Abfertigung. Mit der Verwischung des Eigenen werden Bildungsräume als Nicht-Orte nun modernen Supermärkten oder Hamburger-Restaurants angeglichen. Die Asketik der neuerdings überall auftauchenden kalten Metallsitzgruppen und -tische ist genauer Ausdruck des destruktiv-haßerfüllten Ressentiments einer elektronisch militarisierten Uniformierung gegen den Lese- und Diskussionssalon der Aufklärung – Symptom einer Gleichschaltung des gesamten physischen und ideellen Lebens in der virtuell-realen Zeit- und Ortlosigkeit. Wie der in permanenter Geschäftigkeit Reisende, der universell «flexible» und ergo «perfekte» Mensch der modernen Globalisierungsgesellschaft, der an den Knotenpunkten (Flughäfen, Bahnhöfen) seines «flexiblen Lebens» die Zeit- und Ortlosigkeit seiner gleichgeschalteten Existenz als realsymbolische, virtuelle (Nicht-) Räume durchläuft, so sollen auch dem Besucher geistiger Welten die letzten Reste seiner Eigenheit ausgetrieben werden. Die Freiheit der zeitlich-räumlichen «Ungebundenheit» geistiger Welten, die das Charakteristikum des neuzeitlichen Mediums der Schrift und des Buches darstellt, wird zur Orts- und Geschichtslosigkeit entleert, indem dem lesenden Menschen sein «Raum» geraubt wird.

9.

Indem es rund um die Uhr gespenstisch-schematische Abbilder von «Geschichten» erzählt, mißhandelt das Fernsehen tiefgreifend die rezeptionsästhetische Fähigkeit, sich erzählerische Fäden anzueignen und so das eigene Bewußtsein von Geschichtlichkeit und biographischer Zeit überhaupt als Erfahrung zu gewinnen. Eine serielle Fortproduktion der rudimentär erzählerischen Kino- und Fernsehbilder der Gegenwart destilliert die Simplizität überschaubarer Motiv- und Handlungsstrukturen zum verkitschten und entzauberten Primitivismus. Die massenmediale Unterhaltungsmaschinerie ist die Scheherezade der ästhetischen Barbarei.

Die stagnative Reproduktion dramaturgischer Atavismen, welche Zeit, Geschichte und Tod im Lügenschein des Marktes virtuell eliminiert, ist billige und effektive Fiktion, das wirkungsmächtige und schlecht erzählte Märchen einer falschen Gegenwart. Die Simplizität des literarischen Märchens ist in der Dramaturgie des Fernsehens und des Fernsehjournalismus zur suggestiven kommerziellen Kinderei von Erwachsenen degeneriert. Übriggeblieben vom Märchen ist einzig seine Unwirklichkeit, welche einst seinen poetischen Zauber ausmachte und zugleich hermetischer Träger seiner philosophischen Wahrheit und gesellschaftlichen Vermitteltheit war. Das literarische Märchen verwandelt seine empirische Irrealität in künstlerische und philosophische Wirklichkeit.

Die vom Primat des Visuellen beherrschten elektronischen Massenmedien, allen voran das Fernsehen und die digitale Welt der Computeranimationen, sind zeitgemäße verkrüppelte Märchen, flache Propaganda-Geschichten. Ihr ästhetisches Wesen besteht allein in der Irrealität, welche suggestiv als vorgeblich mit Geld käufliche Realität ausgegeben wird. Die populären Massenmedien haben alles eliminiert, was die mit der Wirklichkeit vermittelte «Irrealität» des fiktionalen Kunstwerks ausmachte – also jegliche poetische, soziale und symbolische Tiefendimension –, haben sowohl Kunst als auch verinnerlichte Wirklichkeit in der Zelebrierung einer alternativlosen Schein-Oberfläche weggedrängt.

Der Lügen-Schein vorgeblicher Realitätsnähe, die Bilderflut der elektronischen Massenmedien ist reine Veräußerlichung, pure Konsumierbarkeit des Visuellen auf der eindimensionalen Fläche des *Screen* oder *Display*. Sie schließt apodiktisch jedes innere Sehen, jede Vermittlung mit der Innerlichkeit der produktiven Einbildungskraft aus. Heute schafft sich der «mündige» Mensch in seiner reinen Veräußerung zum Objekt einer entfesselten Bilderflut selbst ab. Mit seiner Ballade vom «Zauberlehrling» und der vielschichtigen Allegorik im zweiten Teil der Faust-Tragödie hat Goethe wie so oft deuterisches Ingenium demonstriert, dessen visionäre Kraft die heutige, trivial-humanistisch verzuckerte Sonntagsredenkultur um seine Person und sein Werk souverän überflügelt.

Die Produktionsmaschinerie elektronisch-*medialer* Fingierung und *Vernetzung* gaukelt dem menschlichen Erlebnisvermögen die Eröffnung neuer Horizonte lügnerisch vor. Im *Event*, dem inhaltsleeren *Slogan* der Vermarktung eines falschen Seins, werden «reale» Zeitgeschichte und der plebejische Lärm des schmierigen Buden-Jahrmarkts zusammengebracht. Die journalistisch-massenmediale Praxis der das Zeitgeschehen «vermittelnden» Nachrichtendarbietung orientiert sich am Muster des durchkalkulierten *Event*. Im verstümmelten Derivat des narrativen Plots legt sie die Imaginationskraft wie auch die kritische Distanziertheit des Bewußtseins in Ketten. Jegliche Sachlichkeit in der Präsentation aktuellen Zeitgeschehens wird von kommerziellen Fernsehsendern, man weiß es längst, vergewaltigt. Schlimmer ist, daß unter dem Druck der Einschaltquoten die sensationsgierige Pöbeldramaturgie nolens volens von der journalistischen Berichterstattungspraxis «seriöser» Rundfunkanstalten übernommen wird.

Ähnliches gilt für gedruckte Medien und andere Organe der Masseninformation: Sie beugen sich dem Diktat des Boulevard-Journalismus. Überall stirbt der Vermittlung und Deutung signalisierende Begriff der «Nachrichten» aus, überall werden nur noch zu Sensationen aufgebauschte Fakten ausgeschleudert, *news* genannt. Die anglizistische Okkupation bewirkt eine die Wahrheit und Wahrnehmung neutralisierende Distanzierung wirklichen Zeitgeschehens zur *Doku-Soap*, die keinen Rezipienten unmittelbar angeht. Sie impliziert in ihrer semantischen Vagheit die der englischen Vokabel eignende Indifferenz von Realität und Fiktion.

Im Boulevard-Journal massenmedialer Sensations-Erzeugung wird jedes zeitgeschichtliche Faktum zum *Event*, jedes wirkliche Ereignis zur Lüge des exhibitionistisch vermarktenden *Show-Business* deformiert. Einerseits wird die menschliche Fähigkeit, über Einbildungskraft und narratives Strukturierungsvermögen eine Vermittlung von Wirklichkeit und ihrer gedanklich-sprachlichen Durchdringung zu leisten, systematisch unterdrückt. Andererseits wird die produzierte «Realität» in die absolute Fiktion einer gauklerisch-fragwürdigen, substanzlosen Irrlichterei von primitiven pseudo-erzählerischen Einheits-Partikeln eingebunden.

Die Anbiederung an die niedrigsten exhibitionistisch-voyeuristischen Begierden des gaffenden und gröhlenden Pöbels geht in der massenmedialen «Kultur» einher mit der Edelverschrottung der Zeitgeschichte auf dem Trödelmarkt der Globalisierung. Die vom Sog der Anpassung vollständig erfaßte journalistische Zunft demonstriert den progressivsten Fleiß darin, sich als seriöse Nachrichten-Interpreten überflüssig zu machen und abzuschaffen.

Heute verwirklicht sich das perverse Ideal «authentischer» Berichterstattung in einem barbarischen Rückfall: der «live» ausgestrahlten

Übertragung von Hinrichtungen. Die digitalisierte Synchronisierung individuellen Sterbens, seine Überführung ins virtuelle Kollektiv, ist der Wunschtraum elektronisch-*massenmedialer Informationsvernetzung*. Vorerst hält die kommerzielle Bauernschläue des *medialen* Vernetzungsterrors weiterhin an ihrem immanenten Erfolgsrezept der Ausschlachtung des realen Leidens Einzelner fest, zum sadistischen Vergnügen des gaffenden Publikums digitaler Scheinwelten.

Multiple Choice und Rankings

1.

Das «vernetzte» Individuum wird unablässig mit künstlichen Bildern, mit gleichförmigen digitalen Fiktionselementen bombardiert. Gleichzeitig wird unterschwellig systematisch die Fähigkeit getilgt, erzählerisch-dramatische Strukturen oder logisch-gedankliche Zusammenhänge zu erfassen und sich anzuverwandeln. Man denke nur an den von Kulturpolitikern, Feuilletonisten, Pädagogen, Psychologen und allen möglichen Akademikern angestimmten Klagechor, der unisono bejammert, daß in der Gesellschaft, namentlich unter Kindern und Jugendlichen, zu wenig gelesen wird. Die besorgten Stimmen betrügen sich mit der moralisch-deklamatorisch beweinten Leiche des Bildungs-Humanismus selbst.

Unabweislich ist, daß nur noch die wenigsten Menschen heute willens oder gar in der Lage sind, einer gedanklich mehrsträngigen logischen, intellektuellen und ästhetischen Gestaltung der Zeit, nämlich einem Sprachwerk, einem Text, adäquat zu folgen oder sich gar nur auf ihn zu konzentrieren. In den Massenmedien gibt es nur die zu kleinen Brocken vorgekaute Organisation von Zeit und Raum – auf einem Niveau, das angesichts seiner Peinlichkeit jeden Grundschüler erröten lassen müßte, wenn nicht die allmächtige plutokratische Zirkulation des Medien-Schwachsinns dafür sorgte, daß alle Reflexionsmaßstäbe für die Beurteilung geistiger Erbärmlichkeit sorgfältig schon von Heranwachsenden ferngehalten werden.

Jede «Präsentation» von Gedanken und Wissen folgt dem eindimensionalen Spiel von *shot* und Gegen-*shot*, *slots and fillers*, der sprachlichen Domestizierung von Papageien. «Bildung» wird in der *Wissens- und Informationsgesellschaft* zum infantilen Spiel «Wir sind im Zweierland», der exklusiven Alternative von Null und Eins.

Die vernetzte Bildungspolitik findet ihren authentischsten Ausdruck in den alle Unterhaltungskanäle dominierenden Wissens-Quiz-Shows. Wissen und Bildung finden im Bewußtsein des Publikums auf dem logisch unstrukturierten Niveau von *Multiple-Choice*-Tests statt. Auch der gelehrige Papagei kann nach dem

Multiple-Choice-Prinzip unvorhergesehen auf einen bestimmten Reiz eine mit seiner Abrichtung übereinstimmende Replik ausspucken. Die Pädagogik und Didaktik der globalisierungskonform «reformierten» Universitäten und Schulen huldigt weitgehend dieser jegliche sprachlich Hermeneutik eliminierenden Abrichtung und Züchtung des informiert-uniformierten Menschentypus. Der große Pisa-Test als *Quiz-Show-Event* und Fernseh-*Entertainment*: Vor keiner noch so peinlichen Dummheit und Geschmacklosigkeit scheut die Mentalität des debilen Gaffens und Vermarktens zurück, löscht auch jede frühere Kultur von Distanz und Selbstironie aus.

2.

Ein deprimierend aussagekräftiger Indikator für die sprachlich-semantische Impotenz der massenmedialen *Informationsgesellschaft* ist die Herrschaft von Daten-Statistiken über alle Lebensbereiche. Durchweg werden wesentliche Inhalte durch die fragwürdig-skurrile numerische Quantifizierung abseitiger «Realitäten» ersetzt, so als ob es von Interesse und Wichtigkeit wäre, wie oft ein Fußballer in einer Saison mit dem rechten und wie oft mit dem linken Fuß geschossen hat, mit welcher Wahrscheinlichkeit und Intensität in unterschiedlichen Klimazonen unter welchen Umständen beim Liebesspiel ein geschlechtsspezifisch differierender Orgasmus zu erwarten sei.

Die sogenannte seriöse politische Demoskopie unterscheidet sich nur unwesentlich von der Lächerlichkeit eines sensationsgeilen und geistig verödeten Boulevard-Journalismus. In ihrer massenmedialen Darbietung sind die inflationierenden Statistiken von vornherein von jeder inhaltlichen Aussagekraft und einer eventuellen interpretatorischen Auslegbarkeit abgekoppelt. Sie fungieren als Vorstufen zum universalen massenmedialen Kasperle-Theater des autistischen und sensationsheischenden *Ranking*. Jeder gesellschaftlich und kulturell relevante Bereich des öffentlichen *Diskurses* wird auf ein abstrakt quantifizierbares Schema zurechtgestutzt, das keinen inhaltlich vermittelten Gehalt besitzt. Im Zusammenspiel mit *Rankings* tendieren Statistiken zum stupiden kindischen Sammeln und Numerieren von Serienbildchen. Nahezu die gesamte Demoskopie, als angeblicher Ausdruck der Mitwirkungspflicht der Massenmedien bei der demokratischen Meinungsbildung, läßt sich auf diese naive, marktschreierisch verhökerte Praxis zurückführen.

Der forcierten Primitiv-Regression gemäß weisen Statistiken und Meinungsumfragen eine seltsame Zwischenstellung zwischen geistiger Debilität und bewußtem, sophistisch-manipulativem Betrug auf. Sämtliche Inhalte werden getilgt, indem sie nivellierend auf die Form abstrakt geeichter Quantifikation gebracht werden. Die bloße Quantität – darin kommen die antike aristotelische Logik und die moderne Kantische Transzendentalphilosophie sowie die analytische Philosophie überein – ist nur eine Kategorie eines logischen Urteils, die ohne Vermittlung und Zusammenspiel mit weiteren konstitutiven Urteilskategorien nicht die geringste inhaltliche Aussagekraft besitzt. Die essentiellen Urteilskategorien von Qualität, Relation und Modalität spielen im herrschenden Argumentationsgebaren eine geringe bis gar keine Rolle mehr. Sie sind vom dominierenden zeitgemäßen *Kommunikations*-Begriff weitgehend eliminiert, in primitive Quantifikatoren von fragwürdigen Statistiken, *Rankings*, *Multiple-Choice*-Alfanzereien und *Show-Events* vom Niveau der Jahrmarktsbelustigung aufgelöst worden.
Erläutert sei dies am Beispiel der Kategorie der Modalität. Die in fast allen Bereichen anzutreffende katastrophale Unkenntnis des rechten Gebrauchs der Modi Indikativ und Konjunktiv ist nicht allein Ausdruck sprachlogisch-grammatischen Unvermögens. Sie beweist zugleich in sehr signifikanter Weise das morbide Erlahmen reflektierenden Denkens, das mangelnde gedankliche Vermittlungsvermögen zwischen Möglichkeit und Wirklichkeit, Utopie und Realität, Zukunft, Vergangenheit und Gegenwart, die Gleichschaltung biographischer, räumlich-zeitlicher Dimensionen auf der falschen Oberfläche des *Screen*. Die vielbeklagte Unfähigkeit typischer Massenmedienkonsumenten, zwischen «Schein» und «Sein» zu unterscheiden, ist identisch mit dem grassierenden Abhandenkommen der Fähigkeit zur Differenzierung und Bewältigung grammatikalisch-modaler Sinnperspektiven.
Die kritisch-aufklärerische Urteilsbildung, die begriffs- und sachlogische Vermittlungstätigkeit der konstitutiven und reflektierenden Einbildungskraft wird durch den massenmedialen Unterhaltungs- und Vereinfachungs-Zauber zur Massen-Entmündigung, zur verdummenden Steuerung der Individuen durch eindimensional-bedeutungslos angeordnete Daten und uniformierende *Informationen*. Typisch ist die computerisierte *Vernetzung*, eine inhumane Pseudo-Vernetzung.

Kindisch-alberne *Rankings* und aussagelose Statistiken bleiben als das Gerippe einer kastrierten Rationalität stehen. *Rankings* – in Verbindung mit den exhibitionistisch-voyeuristischen Instinkten des Boulevards – haben durch uniformierende Datenfluten jeden Ansatz zu sprachlich-geistiger Vermittlung abgeschafft, jedes dialektische und kritisch-reflektierte Denken an der Oberfläche bedeutungsprimitiver Öde eingefroren. Die *medial vernetzte Informationsgesellschaft* ist in ihrem Kern nicht multikulturell, demokratisch und aufgeklärt, sondern sie bedeutet die wohlkalkulierte Diktatur plebejischer Instinkte, des Banausentums und der kollektiven intellektuellen und ästhetischen Verkrüppelung.

3.

In exakt diese Richtung treibt der omnipräsente, menschenverachtende Wahn des *Casting*, *Profiling, Coaching* und *Assessment* sein brutales Unwesen. (Die Umtriebe der sogenannten *Call-Center* wurden schon erwähnt.) *Profiling* und *Assessment* bedeuten nur scheinbar seriöse, höflich-galante Veranstaltungen. Sie sind, näher betrachtet, ein Analogon jenes gewalttätigen Schwachsinns, den das *Casting* als rattenfängerische Pöbelbelustigung zu einem Hauptbestandteil kommerzieller massenmedialer *Kommunikation* gemacht hat. Bis in die Erstellung wissenschaftlich geprägter Gutachten zu Personen auf gehobener beruflicher Ebene hinein ist diese unheilvolle Parallele von großer Relevanz. Das Individuum wird durch ein fragwürdiges und durchweg primitives Raster von Schlagworten (*slots and fillers*) funktional definiert und erhält allererst dadurch eventuell eine gesellschaftliche Existenz zugesprochen. Die Austreibung jeglicher das reduktionistische Formparadigma übersteigenden kritisch-gedanklichen Reflexion ist Voraussetzung dafür, Kandidat sozialer Anerkennung zu sein. Die psychosozialen Mechanismen solcher Persönlichkeits-Taxierung sind inhaltlich leer, perverse Camouflage juristisch-formaler Abstraktheit, welche die Vermittlung von normativem Anspruch und empirischem Fall in ihrer manipulativen Funktionsweise von vornherein gekappt hat. Wer nicht eine exakt definierte und berechenbare Marionette im *Profiling* oder der Pöbel-Arena des *Casting* ist, kommt gesellschaftlich-menschlich nicht in Betracht.

Mit der Eliminierung des Gehörs und Gespürs für differenzierten Sprachgebrauch hat die *mediale Informationsgesellschaft* eine lautlos-lärmende strukturelle Tyrannis errichtet, die viel perfekter und irreversibler ist als jede frühere, die sich auf die Rohheit exekutiver Gewalt stützte. *Profiling*, *Coaching*, *Assessment* und *Casting* sind längst die alleinig autorisierten Schemata zensierten Denkens und Sprechens, der reinen Oberfläche steriler Inhaltslosigkeit. Auf allen gesellschaftlichen Ebenen wird jegliche geistige Tiefenstruktur von Sinn, Bedeutung und Reflexion gestört, wenn nicht im Ansatz verhindert und mit Ausgrenzung sanktioniert. Die Einrichtungen der höheren Bildung ziehen hierin nicht nur nach, sondern fungieren allzuoft als Vorreiter bei der Austreibung des Logos.

Auch die allgemeine Teilnahme am politischen Prozeß der Meinungsbildung findet weitgehend anhand von deverbalisierten *Multiple-Choice*-Mustern statt – vor allem in Umfragen, die längst weit mehr Gewicht besitzen als die längerfristige Willensäußerung bei Gremien- und Körperschaftswahlen. In einer Vielzahl von häufig primitiv manipulierten Ad-hoc-Umfragen werden politische Meinungen zur binären Alternative von Ja oder Nein reduziert. Ganz im Sinne des bedeutungsarmen Schematismus der *Vernetzung* wird Meinungsbildung und -erforschung auf das Ankreuzen schlechter Phrasen und Schlagworte auf einem rudimentären Bestellzettel beschränkt, so wie hilflosen Analphabeten, denen der Sinn eines Dokuments, das sie nicht zu entziffern vermögen, verkürzend erklärt wird, um sie dann zu einem Kreuz anstelle ihrer Unterschrift zu nötigen. Gerade die *Talk-Shows* mit ihrem Totschwätzen von jedem gesellschaftlichen Problem oder Schein-Problem folgen – bei geringfügigen Abstufungen ihres schon erschreckend geringen intellektuellen Niveaus – genau diesem reduktionistischen Multiple-Choice-Prinzip. Man nehme nur die eingeblendeten Untertitel in Augenschein, mit denen im Fernsehen jeder Diskussionsteilnehmer auf verkürzte Schlagworte hin schematisiert und abqualifiziert wird. Jeder durch das Netz der Fernsehkanäle *zappende* Rezipient soll mit einem Schlage über das Wie und Was der gerade redenden Person «im Bilde», *informiert* sein.

Von Grund auf zerstört das Konzept massenmedialer *Vernetzung* die gründliche Auseinandersetzung mit diskussionswürdigen Gegenständen. Wer mitreden will, soll nicht lesend sich ein Thema erarbeiten, sondern muß auf einen Schlag «im Bilde» sein. Zeit, Reflexion und Kritik werden als meinungs- und persönlichkeitsbildende Faktoren ausgeschaltet und dauerhaft stillgestellt.

4.

Das alberne Unwesen der *Rankings* ist für nahezu alle gesellschaftlichen Belange zum Modell der Uniformierung avanciert. Es ist vielleicht der aussagekräftigste Indikator für den vorherrschenden intellektuellen Verfall und die ästhetische Verarmung aller gesellschaftlichen Bereiche. In seinem Dunstkreis wird jedes Thema und jede Angelegenheit zum exhibitionistisch-voyeuristischen Boulevard-*Event*. Jede Sache wird auf primitivstem Niveau zu *Show* und *Entertainment* deverbalisiert, aufgelöst zum seicht konsumierbaren und kurzlebig geträllerten *Hit* auf einer vom Kommerztrend manipulierten Skala aufsteigender und wieder in Vergessenheit zurückgestoßener gleichförmiger Größen. Ob Bildungseinrichtungen, Bücher, Filme, Computerspiele, Politiker, Sportler, Urlaubsfotos oder verflossene Liebhaber: In der Schrumpfung des – längst gleichgültigen – Inhalts auf der öde-eindimensionalen Skala der rein numerischen Art des *Ranking* schrumpft jeder Gehalt zum bedeutungsleeren Schematismus läppischer Hierarchisierungszwänge. Die *Ranking*-Epidemie gibt – weltweit *vernetzt* – die heutigen Individuen schutzlos der entmündigt-entmündigenden Wollust des Gaffens preis.

Die namenlose, beliebig austauschbare Positionierung einzelner Elemente bedeutet den Verlust jeder inhaltlich-thematischen Besonderheit und Unterscheidungsfähigkeit, die Opfer nicht nur des numerisch-willkürlichen Formalismus werden, sondern auch einer die Gefühle manipulierenden Uniformierung der künstlichen, perspektivisch eingefrorenen Teilbetrachtung, die jeden Blick auf ganzheitliche Zusammenhänge verstellt.

Umfragen geben stets nur manipulierte Momentaufnahmen willkürlicher Informations- und Emotionssteuerungen wieder. Sie laufen im übrigen, selbst in sogenannten seriösen Medien und ihren Sendungen, in letzter Zeit immer häufiger nach dem zwanghaft simplifizierten Muster ab, daß bezüglich emotional besetzter Themen in der Binarität von «Tätern» und «Opfern» gesprochen wird. Das deutsche Geschichtstrauma hat seinen geduldigen Blitzableiter im alles und jedes durch die Zirkusmanege schleifenden massenmedialen Geschwätz gefunden. Daß auffallend ausgiebig mit den Begriffen von Tätern und Opfern gearbeitet wird, resultiert jenseits der spezifisch nationalen Geschichtsprägung auch aus einem latenten allgemeinen Unbehagen und Wissen darum, daß niemand mehr autonomes Subjekt seines Denkens und Handelns ist, was umso stärker das generelle Bedürfnis anwachsen läßt, verantwortliche «Subjekte» als Täter des Tuns wie auch Opfer des Leidens und Geschehens überhaupt zu benennen.

In der unerträglichen Schund-Ästhetik jüngster deutscher Fernsehfilmproduktionen und historischer «Aufarbeitungen», welche mit der empathisch-trivialen «Guckkastenperspektive» des banalen Hollywood-Kintopps die historische Schuld auf eine katastrophale Art und Weise «unterhaltsam» ausbeuten, schlägt der sentimentale Gefühlskitsch der Trivialkultur eine gefährliche Schneise in die Ernsthaftigkeit niveauvoller Zeitgeschichtsschreibung, wie sie beispielsweise von Sebastian Haffner oder Joachim Fest solide geleistet wurde. Historische Barbarei wird mit warmherzig-sentimentaler Illustriertenpsychologie aufgeweicht, Geschichte wird zum ästhetisch verkitschten Tummelplatz kommerzieller Selbsttherapierungsstrategien degradiert, wie sie aus vielen den Buchmarkt überschwemmenden Werken der sogenannten Ratgeberliteratur bekannt sind.

Die simplifizierende Transformation von Geschichte in die trivialen Geschehens-, Handlungs- und Charakterparadigmata der Hollywood-Ästhetik soll von Schuld im größeren Maßstab ebenso entlasten wie die Buß- und Sühne-Inszenierungsrituale der katholischen Beichte. Nicht von ungefähr fällt das Zeitalter der *medialen* Vernetzung und schematischen Trivialisierung mit einer hysterisch-massenpsychologischen Renaissance eines medial verwässerten Katholizismus und eines Star-Kultes um die Figur des Papstes zusammen. Das Bedürfnis nach simplifizierter Autorität, Popstar- und Götzenanbetung hat vor allem die katholische Religion mit einem ihr schon immer eigenen Sinn für ideologisch-theatralischen Kommerz auszunutzen verstanden. Ihr sich mit der neoliberalen Austreibung der aufklärerischen Vernunft ins beste Einvernehmen setzendes Geschäft der reaktionären Gegenreformation steht als sinnige geschichtliche Wiederholung ganz unter dem Zeichen der *medial vernetzten* Globalisierung.

Die Medien-Behandlung von Geschichte gleicht einem die Dinge zu Scheinklarheit verzerrenden Computerspiel, in welchem die Positionen von Gut und Böse vorab festgesetzt und mit minimalen Figurenvarianten ausfüllbar sind. Die monotone Perpetuierung einer Schein-Katharsis in der massenmedialen Schund-Ästhetik ermöglicht die Fiktion einer Absolution. Banale Schablonen und Platzhalter des Gefühlskitsches erlauben nicht allein die Inversion aller möglichen Täter-Opfer-Paradigmata mittels simpler manipulativer Drehung der binären Achse. Sie gehen noch weiter, indem die begrifflich-inhaltlichen Entgegensetzungen selbst, ebenso wie jede andere moralische und sachliche Unterscheidung, im vernebelnden Spiel disponibler Variablen ihre Plätze auf einer *Ranking*-Skala einnehmen können. Auf ihr finden alle beliebigen inhaltlichen Faktoren ihren Platz nach ihrer jeweiligen «Trendwertigkeit» in der Arena der *Show-Events*. Verschwinden sie aus dem massenmedialen Geschwätz wie *Hits* aus den *Top-Ten-Pop-Charts*, besitzen sie eben gar keinen Platz mehr im gesellschaftlichen Leben und im allgemeinen *Diskurs*. Viele Menschen, insbesondere Jugendliche, haben ohnehin längst das Gefühl, gar nicht mehr zu leben und zu existieren, wenn ihre Existenz und ihre Vorlieben nicht als numerisches Vorkommnis durch *Charts* oder *Castings* von den Massenmedien bestätigt werden, die die Stelle personaler oder struktureller Autoritäten eingenommen haben, nach deren Anerkennung jede menschliche Generation strebt.

5.

Der massenmediale Sprachgebrauch verfolgt durchweg eine Zielrichtung der intellektuellen Infantilisierung der Rezipienten. Wie so häufig sprechen kleine und scheinbar nebensächliche Alltagsbeobachtungen die deutlichste, eine symbolisch-repräsentative Sprache. In den alltäglichen Wettervorhersagen hat sich die alberne Manier eingeschlichen und festgesetzt, meteorologische Phänomene mit anthropomorphisierenden Personennamen zu versehen. Mit «Hoch Gundula», «Tief Dagobert» und «Orkan Spencer» und ähnlichem wird ausgerechnet von Naturwissenschaftlern implizit eine archaisch-vorrationale Weltanschauung mit schamanistischer Bannung von Naturereignissen vermittelt. Die Witterung wird vermenschlicht: einen Namen zuzuweisen bedeutet Macht auszuüben, Verfügbarkeit zu suggerieren. Das Elementare und Sprachlos-Beängstigende, die Naturgewalt, wird zum kindlich-freundlichen Spielzeug uminterpretiert und trivialisiert, selbst dann, wenn sie schon katastrophale Schäden angerichtet hat oder dies droht.

Die kommunikative Strategie der Wettervorhersagen ist die des boulevardesken *Entertainment* und *Show-Event*. Nicht umsonst sind sogenannte «Wetterfrösche» Stars in *Talk-Shows*, deren Geplapper den Medienkonsumenten das Abhängigkeitsgefühl von Horoskop-Empfängern eintrichtert.

Daß die heutige meteorologische «Informationsvermittlung» nur noch *Entertainment*-Charakter hat, wird am deutlichsten in der gräßlich albernen Manier, in den numerischen Statistiken meteorologischer Daten «Rekorde» ausmachen zu wollen und zu müssen. Unkontrollierbare Naturphänomene werden wie leistungsorientierte Sportler behandelt. Das antike mythologische Bewußtsein, das im Naturphänomen des Gewitters das Grollen des zürnenden Göttervaters vernahm, bedeutete im Sinne kreativer Naivität die ästhetische Steigerung des Daseins in der Erregung vermittelnder menschlicher Einbildungskraft. Es war darin reflektierter als der trübe Voyeurismus der durchrationalisierten Gegenwart, dessen lächerliche Anthropomorphisierung die Natur zum *Show-Event* zwingen will.

6.

Eine der haarsträubendsten Erscheinungen der geistigen Infantilisierung und Entmündigung der Massen ist die grassierende merkantile Seuche elektronischer Rabatt-Karten und *Payback-Chips*. Die hysterisierende Anheizung der Konsumsucht durch pekuniäre Verheißungen zielt allein auf eine kindische Sammelleidenschaft, bei der dem formal-numerischen, inhaltsleeren Quantitätsmaßstab die Korrelation realer Gegenwerte völlig abhanden gekommen ist. Den Sammlern werden alle Charaktermerkmale des klassischen Geizigen angezüchtet, der sich an der virtuellen Potentialitätsskala irreal bleibender Gegenwerte ergötzt, nur daß gegenüber der Hortung von Geld die Abstraktheit der verheißungsvoll-stellvertretenden *Payback*-Punkte viel weiter von realen Gegenwerten entfernt und entfremdet worden ist.

Die simple numerische Einkaufswert-Quantität dient als abstrakter Maßstab der Taxierung des Kunden und seines «Werts». Dabei werden selbst für geringe Geldbeträge so hohe arithmetische Zehnerpotenzen angesetzt, daß jedes angemessene Gefühl für Wert und Gegenwert in der leeren Spirale schwindelnder Hyperbolik verlorengeht. Genau genommen geht es nur um inhaltsleere arithmetische Superlative, bei denen die bloße Form einer diffusen, irgendwie «hohen» Pseudo-Quantität das Gefühl für qualitative Korrelate abzulösen bestimmt ist. Insofern ist die irrationale Jagd nach Kreditpunkten ein ähnliches Phänomen wie die schon beschriebene Sprachpraxis der semantischen Entleerung durch die Inflation künstlich aufgeblähter Superlative. Die Vermittlung der Zeichen mit den ihnen korre-

spondierenden Bedeutungen und Gegenwerten wird eliminiert, sie werden zur sterilen Form blinder und isolierter Signifikanten herabgestuft.
Die Animierung zur Kommerz-Punktejagd bedient sich einer aggressiven Werbepropaganda, welche die sich der hyperbolischen Spirale des Werteverlusts Verweigernden nur noch als Kunden zweiter Klasse behandelt. Dabei verwendet die Werbung eine debile und grauenhaft verstümmelte Primitivsprache («Geiz ist Geil», «Ich bin doch nicht blöd»), gegen deren Niveau jeder vorpubertäre jugendliche Protest-*Slang* eine tiefgründige Literatursprache darstellen könnte. Das Phänomen der Punkte-Hetzjagd ist repräsentativ für den kommerziellen Sprach-Schwachsinn der Werbe- und *Marketing*-Branchen, die das gesamte kulturelle und gesellschaftliche Leben mit banausischen Geschmacklosigkeiten vergiften. Die Rezipienten von Sprache – die weitgehend mit Konsumenten identisch geworden sind und jenseits dieser sozialen Funktion wie «Sitzengebliebene» nicht mehr in Betracht kommen – werden wie geistig Zurückgebliebene behandelt, als welche sie auch die profitabelsten Kunden sind. Auf diese Passivität und sprachlich-geistige Debilität der «leistungsorientierten» Gesellschaft spekulieren erfolgreich die Kommerz-Manager. Den zu Unmündigen abgestempelten Sprach- und Warenkonsumenten wird mit der plattesten Schmeichelkunst Geld aus der Tasche gezogen, genau wie bauernschlaue Kinder anderen die Sparpfennige mit wertlosen Sammelbildern abnehmen.

7.

An dieser Stelle ließe sich nun einwenden, daß in der gegenwärtigen Stimmungsmischung mit zunehmender kultureller Besorgnis die Massenmedien ja selbst ihren Teil dazu beitrügen, die «edleren Gewächse» menschlichen Strebens und Schaffens – nämlich Sprache, Kunst, Literatur – und auch einen intellektuellen Impetus zu freier Selbstbestimmung und Meinungsbildung in die öffentliche Debatte zu bringen und zu fördern. Die Realität aber sieht so aus, daß erstens derartige Bestrebungen einen verschwindend geringen Teil des *medialen Diskurses* ausmachen, und daß sie zweitens, was ungleich schwerer wiegt, durchweg auf das eindimensionale Primitiv-Niveau von *Show-Events*, *Multiple-Choice-Quiz* und *Rankings* zurechtgestutzt präsentiert werden. Ein sprechendes und leider völlig repräsentatives Beispiel hierfür ist eine unlängst vom deutschen Fernsehen ausgestrahlte *Ranking-Show*, welche eine rein statistisch gewonnene

Aufstellung der Lieblingsbücher der Deutschen mit dem numerischen Grenzwert Fünfzig «auf die Reihe» brachte. Das Fernseh-*Event* triefte nur so vor Selbstbeweihräucherung im Sinne der allzu dick aufgetragenen pädagogischen Intention, die Bevölkerung und besonders die jungen Menschen zur Beschäftigung mit dem alten Massenmedium Buch anzuhalten. Verve und *Pep* wurden der Veranstaltung zum einen dadurch verliehen, daß jedes der fünfzig vorgestellten Bücher einen prominenten «Paten» zugewiesen bekam, der eben dieses als sein Lieblingsbuch apostrophierte, mehr aber noch dadurch, daß die Prominenz und angebliche Wissens-Autorität des *Show-Masters* Kerner sich aus seiner Bekanntheit als Sport-Moderator und Diskussionsleiter im allabendlichen *Talk-Show-Event* herleitete.

Die zahlenmäßige Skalierung von Büchern im *Ranking* fördert allerdings nicht deren eingehende und geistig anregende Lektüre, sondern hat vielmehr den gegenteiligen Effekt. Was rubriziert und in einfacher Zahlen-Reihenfolge quantifiziert ist, ist zugleich auch abqualifiziert und erledigt. Das Bücher-*Ranking* hat den hauptsächlichen Effekt (und insgeheim auch die von Bildmedien-Vertretern gehegte Intention), die Lektüre durch das *Show-Event* zu ersetzen und hinfällig zu machen. Was nicht einmal den Charakter sekundär-kommentierender Literaturkritik besitzt, sondern nur noch den des plänkelnden Tertiär-Geplappers im Sumpf betriebsamer Seichtigkeit des *Medien-Business*, setzt sich selbst in falscher Exklusivität als erlogene Oberflächen-Gegenwart an die Stelle der allein historisch und hermeneutisch zu verstehenden geistigen Gegenstände.

Ganz abgesehen davon stellt die Kombination von Abstimmungs-Demokratismus in Sachen des ästhetischen Geschmacks – einer contradictio in adiecto – und dem Repräsentationsprinzip prominenter Buch-Paten eine trübe Mischung von Elementen eines flachschichtigen Populismus dar, die Degradierung von Kunst und Literatur auf das Niveau des Regenbogenpressen-Journalismus. Parallel dazu war das gesamte Grundkonzept der Veranstaltung eine ebenso undifferenzierte und fragwürdige Mischung von Soll- und Ist-Faktoren, womit sie in ihrer blassen Inkonsequenz noch hinter das rein empirisch-statistische Prinzip der Bestseller-Listen zurückfiel. Literatur auf dem exhibitionistisch-voyeuristischen Niveau von *Quiz-Shows*, *Rankings* und deren sprachlich-gedanklich kastriertem *Multiple-Choice*-Prinzip – Literaturexperten und Fußballspieler auf gewaltsam gleicher Augenhöhe der Beurteilung –, Science-Fiction-Schund und die Bibel, esoterischer Kitsch und die «Buddenbrooks» im gleichen Skalierungsschema: Es gibt keinen Bereich des Lebens und der Kultur, der von der sprachlichen, ästhetischen und intellektuellen Monodimensionierung der massenmedialen *Wissens- und Informationsgesellschaft* nicht reduktionistisch usurpiert und zum trivialen Geschwätz erniedrigt würde.

8.

Eine ähnliche Funktion und Intention, wenn auch in weniger trivialer und abgeschmackter Weise als in *Ranking-Shows* dieser Art, verfolgen die seit längerem auf den Markt geworfenen Kanon-Pakete klassischer Literatur, denen man immerhin zugute halten muß, daß sich für ihre Auswahl seriöse und fachlich berufene und ausgewiesene Experten verantwortlich zeichnen – noch! Man trägt inzwischen den Kanon klassischer Literatur, das exemplarisch-repräsentative Ringen um Bild, Gedanken und Begriff, als kompakten Reisekoffer mit sich herum. In seiner willkürlich abgeschlossenen Veräußerlichung ist der Kulturschatz beliebig deponierbar wie ein abzulegendes Kleidungsstück... Ohnehin ist er weitgehend zur dekorativen egozentrischen Selbstinszenierung oberflächlicher Bildungsprahlerei auf chicen *Business-* und Cocktailpartys verkommen. Bildung als Pfauentanz-Imponiergehabe!

Die meisten «zeitgemäßen» öffentlichen und privaten Äußerungen über Bildung und Kulturelles sind nur die hündisch-gehorsame Ausfüllung des vorab inszenierten und zensierten Schemas einer stagnativen Pseudo-Dramaturgie hohler Pseudo-Bekenntnisse. Sie spiegeln genau die Nicht-Dramaturgie menschlicher Lebensläufe. In der sprachlichen Formulierung existentieller anthropologischer Belange herrscht das bloße Wiederkäuen weniger, von jeglichem semantischen Tiefensinn befreiter Formeln und Floskeln vor. Die Statik von oberflächlichen *Codes* der Sprachverpanschung ist Ausdruck und Motor des menschlichen Verzichts auf individuelle Biographien und reflektierten Erkenntnisgewinn. Weitgehend unbemerkt oder eher ignoriert, ist Orwells düstere Vision des «Newspeak» längst zum inneren Ideal der eifrigen Selbstkastration gesellschaftlicher Sprachkultur aufgestiegen.

Die sogenannte Kultur- und Bildungspolitik ist zum sekundären, exekutiv affirmierenden Vollzugsorgan der Austreibung des Logos herabgesunken.

Die von konservativer Seite erneut in den Ring des öffentlich-medialen Jahrmarktsgeschwätzes geworfene Forderung, die hiesige Muttersprache «leitkulturell» in der staatlich-gesellschaftlichen Verfassung zu verankern, ist bestenfalls ein rosenumrankter symbolischer Trauerzierat im gleichermaßen dissonanten wie monotonen Plapper-Requiem auf die deutsche Sprache. Die unentwegt sich selbst nachäffende Reproduktion der *Trends* und inhaltsleeren *Diskurse* wahrt allein durch die Quantität des Geredes den Schein, sie sei die Instanz einer pluralen geistigen Selbststeuerung gesellschaftlicher Prozesse, während sie in Wirklichkeit lediglich den willenlosen Vollzug des Formelspiels anonymer kommerzialistischer Regeln darstellt. Der gegenwärtig unumschränkt dominierende öffentliche und private Sprachgebrauch zeigt die Selbstreproduktion eines hermetisch geschlossenen Systems geist- und rücksichtsloser Kräfte, deren stärkste Verbündete Faulheit und die von ihnen gemästete Unmündigkeit sind.

Bankrott der Geisteswissenschaften

1.

Bildung wird heutzutage trotz und gerade infolge der betulich-oberflächlichen Beredsamkeit nach dem sogenannten «Pisa-Schock» nicht anders verstanden denn als hastige Addition von Wissens-Partikeln nach dem asyntaktischen *Multiple-Choice*-Prinzip der Fernseh-*Quizshows*. Kirmesbudenhaftes Illusionierungs-Theater und passiver, gedanklich unvermittelter Informationskonsum erobern mit Vehemenz die geisteswissenschaftlichen Hörsäle. Die vorherrschenden, vom Geschwätz der Massenmedien und dem götzenhaften Ziel funktionalisierter Nützlichkeits-Kreisläufe und Datenanhäufungen korrumpierten Reformen der Geisteswissenschaften züchten im Sinne einer schwammigen Globalisierungsideologie ein Primitiv-Idol von «Bildung», welches gewaltsam die historisch-kulturellen Grundlagen und Inhalte der Bildungsidee verdrängt.

Bildung wird mit Information gleichgesetzt. In den breitgewalzten öffentlichen Debatten verfallen nicht einmal die renommiertesten Geister mehr darauf, den Gedanken zu äußern, daß Informationen ohne reflektierte sprachliche Vermittlung und Einsicht in innere Zusammenhänge ohne Wert und Bedeutung sind. Herrschend ist das *Multiple-Choice-Prinzip* der täglich gesendeten *Quiz-Shows*, die auch die Rolle des Lückenbüßers im Riß des deutschen Selbstbewußtseins spielen sollen. Ihre das öffentliche Bildungsbewußtsein weitgehend widerspiegelnde Strategie lautet «flexible response». Ihr reduktionistisch-degrammatikalisiertes Prinzip ist der *Multiple-Choice*-Test, die triviale Computertopographie von *slots and fillers*, die in voraufklärerisches Denken zurückfallende Schwarz-Weiß-Antinomie, die Alternative von Ja und Nein, von Null und Eins. Komplexe Inhalte werden zu Treffern und Nicht-Treffern, zu *Hits* auf *Ranking*- und *Chart*-Skalen verstümmelt.

Diesem *Trend* ist die Einführung von «verschulten» *Bachelor*-Studiengängen in den Geisteswissenschaften hörig. Die schwer zu erarbeitende geistige Sinn- und Bedeutungsstiftung sprachlich vermittelnder Reflexion und Kohärenz ist zu zeitaufwendig. Wer Zeit hat und sich Zeit nimmt, ist suspekt; Zeitaufwand wird tabuisiert, intellektuelle Reflexion bleibt auf der Strecke. Die Universitäten zeichnen den peinlichen Sprach-Bankrott nach oder geben ihn gar vor. Bildung wird zum *Casting-Event*, zum Eunuchen-Reigen der *Slogans* im nationalen und globalisierten *Multiple-Choice-Check*. Die Generation der Heranwachsenden soll mit Computern, nicht aber mit Büchern vertraut gemacht werden: ein traurig-makabrer Hohn ohnegleichen, denn man kann leicht erraten, mit welchem *Medium* die Jugend ohnehin zur Genüge vertraut ist. Wenn ein sogenannter *Quiz-Show-Master* – ein Sachwalter des Verrottens von Bildung zum *Show-Event* – als sogenannter «Bildungs-Experte» in *Talk-Shows* zur *Pisa-Debatte* sitzt, gibt dieser Sachverhalt exakt den Stand der sprachlich-intellektuellen Re-Barbarisierung und Selbst-Amputation wieder. Überdies war ernsthaft im Gespräch, daß derselbe G. Jauch auch noch die Diskussionsleitung der angeblich seriösesten und stimmungstragenden öffentlich-massenmedialen Polit-Debatte übernehmen sollte.

2.

In den geisteswissenschaftlichen und philologischen *Bachelor*-Studiengängen sehen sich die Studenten mit einem virtuellen *E-Campus*-Informationstransfer konfrontiert, bei dem Wissen und «Bildung» vollständig zu nominalistischen Phrasen und Schlagworten zusammengestaucht werden, fern jeder Möglichkeit zu lebendig-eigenständiger Aneignung der geistigen oder sprachkünstlerischen Gegenstände. Die Studenten sind nahezu ausschließlich auf asyntaktische Schlagworte auf virtuellen *sheets* angewiesen, auf denen komplexe geistige Entwicklungsprozesse, etwa von der Romantik bis zum Expressionismus, in unvermittelten Nominalphrasen zusammengestümpert und zu gedanklich undurchdrungener, unkritisch-identischer Reproduzierbarkeit inhaltlich und formal entleert sind. Die auswendigzulernenden, logisch und ästhetisch isolierten Phrasen im abstrakten *Informationsnetz* untergraben a priori jede Möglichkeit hermeneutisch vermittelnder Gespräche und dialektischer Auseinandersetzungen. Am Ende kommt dann das konzeptuell von vornherein Intendierte heraus, das papageienhafte Reproduzieren des asyntaktisch Vorgekauten, das mechanische Ausspucken des vorab Feststehenden nach dem *Multiple-Choice-Prinzip*.

Mit aller deprimierend sachlichen Nüchternheit muß festgestellt werden, daß selbst Germanistik-Studenten heutzutage in sechs Semestern

zu ihrem *Bachelor*-Examen geführt werden, ohne – «Drei Jahr ist eine kurze Zeit / Und Gott, das Feld ist gar zu weit» – auf den von den Lehrenden ins Internet gestellten «sheets» einen einzigen grammatisch vollständigen Satz zu Gesicht zu bekommen.
Die Analphabetisierung und ästhetisch-intellektuelle Re-Barbarisierung der Jugend ist exaktes Spiegelbild der reiferen, gar überwiegend «akademisch» sozialisierten Generation, und umgekehrt. Man sehe sich die *Homepages* der universitären Institute im Internet an: Die Selbstdarstellungen und *Blogs* der Professoren und Dozenten unterscheiden sich in ihrer infantilen Albernheit und ihrem Niveau kaum noch vom exhibitionistisch-voyeuristischen Terror des «Großer-Bruder»-Verdummungsfernsehens der Kommerzsender. Fast erübrigt es sich hinzuzufügen, daß die Studenten der Literaturwissenschaft ihren *Bachelor*-Abschluß erreichen, ohne auch nur ein einziges Werk der klassischen Literatur im vermittelnd-vermittelten Gespräch ergründet, zumeist gar überhaupt nur gelesen zu haben.
Längst kursiert unter *Bachelor*-Studenten die Metapher «Bulimie-Lernen»: Man lernt auswendig, speit den Papageienspruch aus und hat doch nicht «zugenommen». Der figürliche Sarkasmus besitzt weit mehr geistig-repräsentative Subtilität und Lebendigkeit als die akademischen Darbietungen, auf die er sich bezieht. Der Verfall der akademisch-intellektuellen Kultur ist exakter Spiegel gesamtgesellschaftlich vorherrschender Dekadenzsymptome: Bulimie ist eine der weitverbreiteten Erkrankungen der *medial vernetzten Informationsgesellschaft*.
In den *Bachelor*-Studiengängen der universitären philosophischen Fakultäten wird jede Reminiszenz an den klassisch-humanistischen Bildungsgedanken von Entwicklung, Reife und stufenweiser Horizont-Erweiterung des Individuums mit stumpfsinniger Ignoranz und Intoleranz im Keim erstickt. Die lektüreintensive geistige und ästhetische Erarbeitung literarisch und wissenschaftlich relevanter Werke wird von vornherein verhindert, bedeutet negativ sanktionierte Kontraindikation. Freie und freigeistige, kritisch-intellektuelle persönliche Ausbildung ist dasjenige, was es durch eindimensionale Abrichtung auf die vorgegebene Handhabung katastrophal verstümmelter sprachlicher *Codes* und infantiler Abkürzungs-Schemata um jeden Preis zu verhindern gilt. Die Studenten werden in das Korsett unkritisch-angepaßten Wiederkäuens isolierter Informationsfragmente eingeschnürt und eintrainiert. Mit dem zufälli-

gen Herumpicken und Herumstochern im Ragout von zu absolvierenden *Modulen* (*Modulpools*!) sind sie im Studium Gefangene einer sprachlichen Infantilisierung, deren primitive Lächerlichkeit schon formal fast jede Grenze zwischen Wissenschaft und dem idiotisch-boulevardesken *Quiz-Show-Entertainment* nivelliert hat.
Studieren unter dem heutigen modisch-kindischen Fanal *vernetzter Kultur- und Medienwissenschaften* bedeutet für die angehenden Geisteswissenschaftler – alle organisatorischen Rahmenbedingungen suggerieren ihnen dies – das Herumlaufen mit einem chicen *Notebook*, auf dem die Betätigung der Funktionstasten «Auswählen», «Kopieren» und «Einfügen» den *Multiple-Choice*-Durchlauf zum *Bachelor*-Examen beschert. Der *Mouseclick* (an vielleicht «richtiger» Stelle) ist ohnehin die intellektuelle Kardinalleistung, die Lehrenden und Lernenden beigebracht wird: geistig-kritische Eigenleistungen sind nicht allein unerheblich, sondern dezidiert unerwünscht, weil ausschweifend, zeitraubend und insofern subversiv.
Eigenständig-ausführliche thematische Auseinandersetzungen in schriftlicher Form – früher auch unter dem Namen «Dissertationen» bekannt – wären nur noch ärgerliche Hindernisse bei der kritiklosen und hastigen Informationsaufbereitung. Darum besitzen schriftliche Abschlußarbeiten so gut wie kein Gewicht mehr, darum wird das Plagiat, das *Downloaden* von fremden Arbeiten aus dem Internet, kaum noch überprüft oder gar geahndet. Denn in Wahrheit ist das elektronische Plagiieren und Duplizieren allgemein goutierter Garant des reibungslosen Fortfunktionierens des kritiklos dem Boulevard, dem anonymen «Man» und *Mainstream* eingegliederten akademischen Betriebs.
Im übrigen ist das elektronische Plagiat die logische Konsequenz aller *kultur- und medienwissenschaftlichen* Theorien, die sich mit dem albernmodischen Präfix «*Inter*» schmücken (Intertextualität, Intermedialität, Interkulturalität etc.), und deren angebliche frei *vernetzte* «Pluralität» in Wirklichkeit anti-aufklärerisch und zutiefst reaktionär ist, weil sie sich dem uniformierten Schematismus des Bestehenden, dem zum Einheitsformat gezüchteten Dünken und Wähnen des kritiklosen gemeinen Haufens eingliedert. Nicht selbst zu denken, geistige Wegstrecken kompositorisch zu entwickeln, sondern Versatzstücke vorgekauter Sekundär- und Tertiär-Informationspartikel zu einem dem Boulevard-Geschmack gefälligen Mode-Ragout zu verschneiden, ist die einzig noch akzeptierte

Aufgabe der abgerichteten Ja-sage-Marionetten, die ehemals als Geisteswissenschaftler kritisch-intelligente Impulse gaben.

3.

Was sind die Gegenstände der zu *Kultur- und Medienwissenschaften* «reformierten» und angeblich *interdisziplinär* erweiterten Philologien, Literatur- und Geisteswissenschaften? Schon kurze Blicke in die längst elektronischen Vorlesungsverzeichnisse sowie in die Ankündigungen von Forschungsprojekten und Stipendienausschreibungen sprechen eine deutliche Sprache. Computerspiele, Action-Comics, *Talk-Shows*, *Soap-Operas*, *Pop-Stars*, kinematographischer Hollywood-Schund, *Reality-TV* und jede andere Bastard-Hybridisierung des modisch-unappetitlichen, geistig geschmacklos-verdummenden Kommerzgeflimmers sind die vorherrschenden Gegenstände des «Betriebs». Sie deformieren die *Kulturwissenschaftler*, die sich in der Nachfolge der Geisteswissenschaften wähnen.

Die Beschäftigung mit Autoren und literarischen und philosophischen Einzelwerken sowie umfassenderen geistesgeschichtlichen Zusammenhängen ist schlicht unerwünscht, veraltet und obsolet, macht nur noch einen verschwindend geringen Anteil des Lehrangebots in akademischen Vorlesungsverzeichnissen aus. Die oben genannten Boulevard-Genres sind tonangebend, die exhibitionistisch-voyeuristische Begrenzung des Denkens und Wahrnehmens durch bloß chimärische Charaktere, die das menschliche Selbstbild und seine sprachliche Ausdrucksfähigkeit zur verkleinernden Karikatur und zum verstümmelten Gestammel von Comic- und Computer-Fratzen verzerren, dominieren die akademische und kulturelle Landschaft.

Kein Student der Literatur- und Geisteswissenschaften hat von der didaktischen Seite akademischer Lehre je noch die Gelegenheit, die ästhetische und intellektuelle Schönheit, korrelative Stimmigkeit und Genauigkeit der inneren Komposition sprachlicher Kunstwerke selbst, in der Wechselwirkung von hermeneutischem Gespräch und kritischem Eigenstudium, stufenweise zu erarbeiten. Für die sogenannten *Kultur- und Medienwissenschaften* gilt aus egoistisch-materieller, eitler Anpassung an den Boulevard längst die Präferenz des kritiklos-stupiden *Mainstream* plebejischer Geschmacklosigkeit. Sie verfallen, in einem willentlich-verschlagenen

Mißverständnis von «Strukturalismus» und «Poststrukturalismus», auf die gedanklich-argumentative, narrative und dramaturgische Primitivität des Groschenromans, der Boulevardpresse und der schlechten filmischen Hollywood-Produktionen.

Man kann sich die gegenwärtige Situation der Geisteswissenschaften, «reformiert» zu *Kultur- und Medienwissenschaften*, kaum radikal genug vor Augen führen. Die geistig eigenständige Beschäftigung mit klassischen Texten der Literatur- und Philosophiegeschichte ist zu einer gedanklich unvermittelten *Multiple-Choice*-Rhapsodie zähneknirschend mitgeschleppter Papageiensprüche verkümmert. Den Löwenanteil aber macht das theoretisierende Beschwätzen sogenannter «postmoderner» gesellschaftlicher Phänomene aus. Der Pseudo-Strukturalismus *kulturwissenschaftlicher* Deskription stellt die perverse Selbstverkleinerung des Menschen in gewaltverherrlichenden Computerspielen, *Doku-Soaps*, *Splatter-Movies* und Schund-Comics ästhetisch auf eine Stufe mit den Dramen Shakespeares, Goethes, Kleists und Ibsens. Unreflektierte visuelle Neuerungsgier und deren hysterische Schein-Befriedigung um jeden Preis, das allzu rasche Entstehen und Entschwinden von unfaßlichen gauklerischen Bildern, die Reduktion des funktional-flexiblen Menschen im passiv-kritiklosen Gaffen sind das stumpfsinnig-tödliche Endziel der *Kultur- und Medienwissenschaften*.

Allerdings haben diese die Rechnung ohne den längst vor Müdigkeit angeekelten Wirt gemacht, denn der angebliche Demokratismus der *Kultur- und Medienwissenschaften* ist eine gefährlich-verheerende Lüge. Wo der Wille zur wertenden ästhetischen Unterscheidung zwischen Schund und komplexer gedanklicher Komposition aus einem falschen Demokratieverständnis heraus auf der Strecke bleibt; wo *Soap-Operas*, *Talk-Shows* und *Computerspiele* strukturell mit literarischen und kinematographischen Kunstwerken auf einer Ebene behandelt werden; wo der Pop-Star Madonna mit dem Gesamtkunstwerk Richard Wagners parallel behandelt wird, dort wird mitnichten aufklärerisch-kritische Bildungsphilosophie realisiert.

Der Plebejismus ist das Gegenteil von Demokratie, und ständig stirbt ein Teil letzterer, wo jener seine faulen Triumphe feiert. Der trügerische Schein angeblich «postmoderner Beliebigkeit» umgibt die *Kultur- und Medienwissenschaften* wie ein säkularer Heiligenschein und verhüllt gleisnerisch eine formale und inhaltliche Leere. Infolge ihrer schlechten, aber müde anbiedernden Rhetorik werden alljährlich Unsummen des Kulturbudgets verschwendet.

Man rufe sich hier die studentische Metapher des «Bulimie-Lernens» ins Gedächtnis zurück, denn sie spricht Bände. Sie ist in peinlicher Weise Ausdruck eines zeitgenössisch-deutschen Schildbürgerstreichs. In den zu *Multiple-Choice*-Belustigungen, *Quiz-Shows* und anderen massenmedialen, den *Kulturwissenschaften* gemäßen *Events* verhökerten *Pools* und lärmenden Ad-hoc-Veranstaltungen wird die Bildungsidee einer autonomen biographisch-geistigen Entwicklung zur Kirmesbuden-Ästhetik depraviert. Verhöhnt wird in niederträchtiger Weise, was in der Nachfolge von Goethe, Humboldt, Keller, Dilthey und anderen der Begriff «Bildung» bedeutete. Die Deutschen waren schon immer groß darin, ihre besten Ideen und Traditionen mit Füßen zu treten und an deren Stelle die Diktatur der Pöbelressentiments zu setzen. Genau dieses gespenstisch-wiedergängerische Motiv bietet die heutige zu *Kultur- und Medienwissenschaften* «reformierte» geisteswissenschaftliche Landschaft. Sie wird in ihrem ästhetischen und intellektuellen Stumpfsinn in unspektakulärer Agonie zugrundegehen. Sie verwechselt ihren mit pathetischem Pomp auf die Fahnen geschriebenen «Pluralismus» mit opportunistischer Geschäftigkeit und seniler Begriffsdogmatik.

4.

Die Verantwortlichen der gesellschaftlichen Deliterarisierung und Entalphabetisierung sind nicht allein in der Boulevard-Kultur mit ihren unsauberen propagandistischen Instrumenten zu finden. Sich gegen solche Einflüsse zu behaupten, ist von jeher die Aufgabe und die Herausforderung wissenschaftlicher und intellektueller Differenzierung gewesen. Doch gegenwärtig sind die Hauptakteure der gesellschaftlichen Austreibung des Logos ebenso in den Reihen der zeitgemäßen Akademiker und der sogenannten reformerischen Bildungspolitik zu finden. Kaum sonst irgendwo wütet die Epidemie der Vergewaltigung und Zerstörung des Logos so verheerend wie in den ehemals so genannten Geisteswissenschaften. Diese setzen neuerdings ihren ebenso senilen wie infantilen Ehrgeiz daran, sich selbst abzuschaffen und der retrospektiven Lächerlichkeit preiszugeben.

Dem erbarmungswürdigen «Reform»-Theater wird inhaltlich das Etikett der *Kulturwissenschaften* und administrativ dasjenige des *Bachelor*- oder *Master*-Studiengangs aufgeklebt. Daß jemand ein «Philologe» ist, ist in den *Kulturwissenschaften* mittlerweile das interne finanz- und universitätspolitische Hauptargument gegen die Vergabe von Stipendien an einen Geisteswissenschaftler.

Nirgendwo erhebt sich heute das Haupt der sprach- und geistfeindlichen Banausie so absurd und unverschämt wie in den Philologien und Geisteswissenschaften. Die fachlich-internen und bildungspolitisch-externen «Reformen» dieser Fakultäten stellen wenig mehr dar als ihre tatsächliche Selbstabschaffung – die Verabschiedung der Selbstreflexion des Geistes, um die es einst ging. Dort, wo der Logos sein zerbrechliches, sich stets wandelndes Zuhause besitzen sollte, in seiner diachronen und synchronen reflexiven Selbstkritik, wird die hermeneutisch vermittelte Offenheit durch ideologisch-terminologische Einengung verdrängt. Arbeit am Text der Geschichte, der Literatur und der Menschheits-Biographie ist verpönt. Akzeptiert wird allein noch die Applikation modischer Manierismen auf systematisch simplifizierte, ja zerstörte komplexe Zusammenhänge.

Eben diese modischen und schematischen Terminologie-Manierismen äffen die inflationäre Primitiv-Semantik des globalisierten Marktes der *Vernetzung* nach. Die *kulturwissenschaftlich* reformierten Geisteswissenschaften sind das halb führende, halb blindlings nachgeschleppte Zugpferd der neoliberalen sprachlich-geistigen Verarmung einer sich selbst abhängenden Zivilisation. Der kindisch gepriesene – und überdies im deutschen reformierten «Bildungswesen» haarsträubend naiv mißverstandene – «cultural turn» in den Geisteswissenschaften bedeutet die deprimierende reale Perfektion der von Horkheimer/Adorno beschriebenen «Kulturindustrie» im Sinne der «Aufklärung als Massenbetrug». Er impliziert die totale Nivellierung, die Aufwertung ästhetischen Schunds und die Abwertung sprachlich-gedanklicher Reflexion, die gewalttätige Unterdrückung des ästhetisch-intellektuellen Instinkts für Rang und Abstand, die Verdrängung anspruchsvoller Erarbeitung von Sinn durch die asemantische Ödnis des *Videoclip*. Die in Mode gekommene, intellektuell verkürzte und intolerante Vehemenz des kleinkrämerischen Tabus, welches in ästhetischen Debatten inzwischen über den Begriff des «künstlerischen Werks» und seiner geschlossenen

«Ganzheit» verhängt ist, trägt alle Züge eines pathologischen Wütens im Vakuum geistiger Selbstauflösung.

Der zeitgemäße geisteswissenschaftlich-akademische Betrieb spiegelt den gesamtgesellschaftlichen trivialisierenden Reduktionismus der Sprache. Die akademische Sphäre ist mitnichten noch kritisches Korrektiv des herrschenden Zeitgeistes, sondern affirmiert die kritiklose Simulation des sogenannten «Fortschritts», beschleunigt den Bedeutungsschwund des zu Schlagwörtern und Formeln degradierten Sprachschatzes. Der sprachliche Flucht- und Bestimmungshorizont des kaputtreformierten akademischen Betriebs ist die schematische Kristallisation des Orwellschen «Newspeak», die lexikalische, grammatische und semantische Minimalisierung eines «global» fungiblen *Codes*, aus dem jeder Rest von dialektischer Widerständigkeit und Überschuß der Einbildungskraft getilgt ist. Darum befindet er sich in bestem Einvernehmen mit dem schmissigen Geschwätz des Boulevards, das zur heutigen «Kultur» schamlos nobilitiert wird, zur hämischen Grimasse des eindimensionalen Stillstands. In exakt-perfidem Einvernehmen schließen sich politische Vertreter einer angeblich neuen «liberalen» kulturellen Elite in *Big-Brother-Container* ein. Das frei gewählte Gefängnis stupidester sado-masochistischer Selbstvergewaltigung verhöhnt in der Selbstquälungs-Folter des *Fun-Event* jegliche humanistische Utopie, indem in vorgeschobener «Liberalität» niedrigste Pöbel-Instinkte bedient werden.

Dem Ziel der totalen semantischen, ästhetischen und menschlich-intellektuellen Einebnung und *medialen* Uniformierung von allem und nichts streben die akademischen Geisteswissenschaften als *Kultur- und Medienwissenschaften* gewaltsam und intolerant zu. Sie eliminieren sich, indem sie sich mit den schalen Belustigungen des gleisnerischen Boulevards gemein machen. Wie alle anderen sozialen Bereiche unterwirft sich der geisteswissenschaftliche *Diskurs* – so der vorherrschende, besonders aufdringliche, semantisch entleerte Begriffsgötze – den modisch-direktiven Schlagworten *Vernetzung*, *Information*, *Intermedialität*, *Interaktivität*, *Interdisziplinarität* undsoweiter. Er prostituiert sich an die kommerzielle *Trend*-Logik des Marktes und verpanscht seine Fachtermini zum oberflächlichen Formelspiel.

Die in den heutigen Wissenschaftssprachen vorherrschende Tendenz zur Austreibung des vermittelnd-vermittelten Logos äußert sich in zahllosen

Beispielen. Die durch nichts anderes als modisches Imponiergehabe motivierte Durchsetzung der Fachsprache mit unreflektierten und allzu häufig das Gemeinte entstellenden Anglizismen ist nur der augenscheinlichste Indikator. Vor allem aber hält der grammatisch verstümmelte Telegrammstil und Internet-Jargon immer mehr Einzug in die Wissenschaftssprache. Nach dem Vorbild der Strukturierung journalistischer und anderer trivialer Gebrauchs- und Funktionstexte, vor allem aber des barbarisch radebrechenden Internet-Sprachmülls, werden die Studenten zu vorgeblicher «Kürze» beim Abfassen ihrer Texte angehalten. Gedankliche Vertiefung und anspruchsvolle Gegenstandsreflexion werden durch solipsistisch gestückelte Pseudo-Information und *Abstracts* verdrängt.

Die längst merkantilisierte kriminelle Unsitte des Plagiats akademischer Abhandlungen, des *Downloadens* wissenschaftlicher Arbeiten aus Internet-Foren, ist genau deshalb ein nur schwach geahndetes «Kavaliersdelikt», weil Individualität und reflektierte Durchdringung heute kaum noch etwas zu bedeuten haben. Problematische Vieldeutigkeit und Differenzierung käme ja schon ärgerlicher Querulanz gleich, wäre eine Sache derjenigen, die «zu viel Zeit haben». Das Ideal ist die semantische Eindimensionalität boulevardesk-journalistischer Vielschreiberei und der kritiklosen Affirmation des Bestehenden, letztlich der selbstendwürdigenden menschlichen Karikatur im *Comic-strip* und *Videoclip*.

5.

Der «reformierte» akademische Betrieb rühmt sich damit, durch seine angeblich gesamtgesellschaftliche *Vernetzung* aus dem vielgeschmähten Elfenbeinturm herauszukommen und sich so stärker im «sozialen» Leben zu verankern. Allerdings haben die dergestalt schon seit langem in einen maliziös forcierten Selbstrechtfertigungszwang geratenen Gesellschafts- und Geisteswissenschaften damit lediglich den Notanker panischer Anpassung in den weichlichen Boden der geistig-sozialen Gleichschaltung gerammt. – Gerade der Elfenbeinturm, zu deutsch: die Unabhängigkeit, war das letzte Refugium, in dem die historisch-hermeneutischen Disziplinen der dialektischen Aufeinanderbezogenheit von Geist und Gesellschaft, Philosophie und Welt gerecht werden konnten. Nicht, wie das populäre Vorurteil es wissen will, ist der Elfenbeinturm ein selbstverliebtes Spiel von und mit Begriffen, sondern im zeitgeistig-angepaßten Verlassen dieses Refugiums wird Wissenschaft zum bedeutungsarmen Jonglieren mit Phrasen und Formeln, machen sich die Akademiker mit sprachlicher Verarmung und intellektuellem Solipsismus dem strukturell-gewaltsamen Vedummungs-Trend gemein. Die philologischen und gesellschaftswissenschaftlichen Disziplinen machen sich dem totalitären Banausentum des kommerziellen Marktes hörig. Sie befinden sich inzwischen in Gefahr, in die Sprach- und Bedeutungslosigkeit des zeitgemäßen Schemas von «Welt» zu versinken, in die existentielle Leere des von Heidegger charakterisierten öffentlichen «Man» unter dem Diktat anonymisierter Tendenzen.

In einer mannigfach ausdifferenzierten Lebenswelt hochgradig spezialisierter Tätigkeiten und fachdisziplinärer Horizonte kann kein individueller Bildungsuniversalismus und kein theoretischer oder ästhetischer Meta-Standpunkt olympischer Überschau mehr möglich sein. Dies ist eine längst bejahrte Erkenntnis der geschichtlich-selbstkritischen Ratio, die es keineswegs nötig hat, als alter Abschiedswein in neuen Schläuchen verkauft zu werden. Insofern scheint angesichts der heutigen rapiden Veränderungen das auf Lernen und Wissen bezogene Postulat der spezialisierungsfähigen «Flexibilität» alle Argumente eines bildungspolitischen Pragmatismus auf seiner Seite zu haben. Beklagenswert ist allerdings das Abhandenkommen einer gewissenhaften, «unzeitgemäßen» denkerischen Verständnisperspektive. Hinter dem scheinbar sachlichen Pragmatismus des Einverständnisses mit dem angeblich Unabänderlichen findet ein leises Aufatmen angesichts einer in vorauseilendem Gehorsam als endgültig fingierten Situation des Abdankens selbstkritischer Vernunft statt. In diesem heimlichen Aufatmen verbergen sich «Faulheit» und «Feigheit», die von Kant in weiser Voraussicht als Haupthemmnis einer aufgeklärt-selbstbestimmten Vernunft gegeißelte Trägheit des menschlichen Selbst.

Es ist scheinbar bequem, in der Tätigkeit der «dialektischen Anstrengung des Begriffs» nachzulassen, die sprachlich-hermeneutische Vermittlungsaufgabe und -möglichkeit des Logos zugunsten primitiver semiotischer *Codierungen* und Kürzel zu entsorgen, autonomes Denken und Sprechen durch die anonyme Autorität eines entfremdeten, abstrakt gültigen «Newspeak»-*Code*, mehrdeutig-diffizile Bedeutungen durch eindeutig leere Superlative, Bildung durch *Multiple-Choice*-Information zu ersetzen, die schöpferische Odyssee eines eigenverantwortlichen Selbststudiums durch einen trivial schematisierten *Bachelor-Videoclip* abzulösen.

Die Titel, Themen und Thesen geisteswissenschaftlicher Symposien, Seminare und Vorlesungen kommen größtenteils nicht mehr ohne modische terminologische Manierismen und inhaltlich leere *Slogans* und Attribute aus. Nicht selten ist von «*aktiver*» oder «*interaktiver*» Philosophie, Literaturwissenschaft, Psychoanalyse, «*transgressiver Medialität*» und dergleichen die Rede. Die Urheber solcher modisch-manirierten Begriffspanschereien scheinen sich deren lächerlicher Abgeschmacktheit und des Nimbus des hohlen Jahrmarktsgeschreis nicht im geringsten zu schämen. Immer mehr paßt sich der akademische *Diskurs* in peinlichster Weise der Diktion des Boulevards und dem flotten Oberflächen-Geplapper in Internet und Fernsehen an. In seiner sprachlich und gedanklich uniformierten Form- und Stilvergessenheit verkommt ein maßgeblicher kultureller Sektor, den man einst mit Geistes- und Gesellschaftswissenschaften zu benennen pflegte, zum massenmedialen *Show-Event*, sprachlich und inhaltlich zur Seifenblase kurzlebiger *Trends*, bei denen im täglichen Rhythmus eine noch haarsträubendere Geschmacklosigkeit die zahllosen vorhergehenden aufs neue übertrifft. Dabei führen *Vernetzung* und diffuse *Transdisziplinarität* zu einer nachhaltigen terminologischen und methodischen Verwässerung der essentiellen Grundlagen der Einzeldisziplinen. So werden etwa Studenten der Literaturwissenschaft von Beginn an in noch unverstandene strukturalistische «Supervisions»-Theoreme geworfen, ohne überhaupt ein ausreichendes Grundlagenwissen zu literarischen Gattungen oder zum literaturgeschichtlichen Spektrum von Epochen und Autoren vermittelt zu bekommen.

Das Ziel der *Bachelor*-Ausbildung besteht faktisch darin, daß ein Student einigen im Internet angepriesenen *Short-Books* die funktional relevanten *Tools* für sein «persönliches» *Knowledge-Management* entnehmen kann. Keine Peinlichkeit ist mehr zu boulevardesk, um als «spannendes *Tool* wissenschaftlicher *Evaluation*» auf dem modischen Trödelmarkt akademischer Dümmlichkeiten ihren Platz zu finden, wenn sie nur das rechte Tonzeichen des populistischen *Trends* trifft. In dem aller Selbstreflexion verlustig gegangenen gesellschaftlich-kulturellen Siechtum sind «Theorien des Abfalls» (so der Titel einer wissenschaftlichen Publikation) längst gefragter als hermeneutische Auseinandersetzungen mit anspruchsvoller (und dem *Mainstream* unbequemer) Kunst. Der Typus des innerlichen, wissenschaftlich-philosophisch reflektierenden Theoretikers wird mit schamloser Frivolität ersetzt durch denjenigen des Konferenzen-*Jetters*, der in oberflächlich-äußerlicher Geschäftigkeit inhaltlich bedeutungslose *Knowledgement-Tools* in akademischen *Events* und *Happenings* verteilt. Aufklärerisch-reflektierte Innerlichkeit der Vernunft wird durch stupiden Uniformitätszwang ersetzt, semantische Vieldeutigkeit durch oberflächliches Jonglieren mit Mode-Termini, wissenschaftliche Selbstreflexion verkommt zum altersschwach schematisierten Kasperle-Theater gedankenlosen Konsums.

Musikwissenschaften sollen zu «Sound Studies» umbenannt werden: Vor keiner noch so peinlich-dümmlichen Infantilisierung des historisch-geistvollen Begriffs schreckt die *vernetzte Informationsgesellschaft* zurück. Die *medien- und kulturwissenschaftlichen* administrativen «Reformen» wollen die Geisteswissenschaften von historisch anspruchsvoll strukturierter Musik zum plebejisch-bourgeoisen Operetten-, Musical- und Popmusik-Kitsch führen.

In allen Bereichen des ehemals geisteswissenschaftlichen akademischen Betriebs, in Forschung, Lehre und deren Verwaltung werden sinnvolles und kohärentes Sprechen und Schreiben durch die semantische Sterilität des zerhackten Internet-Jargons, durch das asyntaktische und logisch unvermittelte Gestammel des Boulevards und seiner senil-infantilen terminologischen Mode-Manierismen ersetzt. Dies ist exakt die kurzsichtige formale Direktive bei der hysterisch-aktionistischen Umformung geisteswissenschaftlicher Studiengänge zu *Bachelor*-«Ausbildungen». Durchweg wird die auf «Verstehen» (Dilthey) ausgerichtete Sinnreflexion durch halbgeistiges Oberflächengerede und empiristisch-dogmatische Informationsaddition ersetzt, die Innerlichkeit selbstbestimmten Denkens durch die Veräußerlichung an den künstlichen monodimensionierten *Screen*.

6.

Keine geisteswissenschaftliche Lehrveranstaltung kann sich mehr dem terroristischen Zwang zur Anpassung an die abstrakten Götzen der *Intermedialität*, *Interaktivität* und *Transdisziplinarität* entziehen, keine kommt mehr ohne das Amüsement-Geplänkel *multimedialer* Spielereien aus. Eine besonders stupide Uniform des technisch forcierten Zwangs zur Gedankenreduktion stellen die sogenannten *Power-Point*-Präsentationen dar. Josef Joffe hat in seinem bereits erwähnten Artikel (ZEIT Nr.31/2007, S.41)

eine luzide Parodie der syntaktisch-logischen Verstümmelungen, welche *Power-Point*-Performanzen repräsentieren und beflügeln, angeführt. Es bedarf keiner neurologischen oder kognitionspsychologischen Spezialkentnisse zu der praktisch einfachen und wesentlichen Einsicht, daß technische Spielereien dieser Art den mentalen Schwerpunkt des Rezipienten nach außen, auf oberflächlich visualisierte Daten und ihre syntaktisch und lexikalisch zerbrochene sprachliche Fassung verlagern. Allerdings muß hinzugefügt werden, daß die vorstehende negative Beurteilung dieser Präsentationsform gegenstandslos ist für die Naturwissenschaften und statistisch-empirische Teildisziplinen, für welche komprimierte Anschaulichkeit des Materials wesentlich ist.
In den eigentlich geisteswissenschaftlichen Disziplinen aber ist die *Power-Point*-Präsentation nichts anderes als ein Bilderbuch für Analphabeten, Instrumentarium syntaktisch-intellektueller Verstümmelung. Die rezeptive Veräußerlichung sprachlich-logischer Argumentations-Folgen an die syntaktisch Zerbrochenheit des projektiven *Screen* zerstört Konzentration und gedankliche Innerlichkeit durch mentale Dispersion und entfremdende Selbst-Preisgabe an abstrakte Bildchen-Folgen. Die Leinwände flimmern voll Ungegenständlichem und gedanklich Undurchdrungenem.
Es geht in *multimedial aufgepeppten* geisteswissenschaftlichen Vorlesungen überhaupt nicht mehr darum, dem Vortrag eines Dozenten in verinnerlichter intellektueller Rezeption k o n z e n t r i e r t zu folgen, sondern einzig noch um die d e z e n t r i e r t e Selbstpreisgabe der kritisch-gedanklichen Autonomie an eine zerstückelt schwirrende Informationsfolge, an die kurzlebige Absorption von zerhackten und unvermittelten Informationspartikeln, die ihrerseits schon auf der produzierenden Seite oft auf das Niveau von Comic-Sprechblasen zurechtgestutzt sind.
Die törichten universitären Reformen der Geisteswissenschaften – augenfällig in der völlig sinnlos aufgezwungenen Einführung von *Bachelor-* und *Master*-Studiengängen – sind identisch mit der Abschaffung von Geisteswissenschaften. Er steht ausschließlich unter dem Vorzeichen der gesamtgesellschaftlichen, *medial vernetzten* Infantilisierung und Deliterarisierung des zeitgemäß heranzuzüchtenden Durchschnitts-Individuums. Nichts ist deprimierender als die stumpfsinnig-ergebene Passivität einer gleichgeschalteten und angepaßten Jugend, die es «cool» findet, daß das Pöbelbelustigungsniveau des Boulevards maßgebliche «Kulturkraft» wird.

Die Bildung verkommt zur *multiple-choice*-dirigierten *Quiz-Show*, zur per *Mouseclick* abrufbaren Volksbelustigung. Die Tätigkeit des Bücherlesens wird mit dem allgegenwärtigen *Slogan* «Time is Money» bedroht. Die pubertäre Anbiederung an den Zeitgeist zeigt sich mit ihrer ganzen armseligen Plattitüden-Ausstrahlung in der Ersetzung der Bezeichnungen «Magister» und «Baccalaureus» durch *Bachelor* und *Master*, womit ihr ganzer Gehalt an angeblich reformatorischem Sinn auch schon erschöpft ist: als trendhörige äffische Anbiederung an Anglizismen um jeden Preis. Deren «Grund» ist so trivial, daß er nicht einmal die wunderbare Doppelsinnigkeit dieses deutschen Wortes (als «Boden» und als «causa») verdient: Er besteht bloß im selbstzerstörerischen Willen zur geistigen Selbstverkleinerung vor dem Hintergrund einer durch stümperhaft verstümmeltes Englisch zusammengestutzten falschen «Globalisierungs»-Synchronizität. Die hilflose Radebrecherei ist sowenig Deutsch wie Englisch; ihr rein destruktiver Charakter taumelt allein über dem Nenner der historisch gesichts- und geschichtslosen Eliminierung der etymologisch-kulturellen Wurzel («Baccalaureus» und «Magister»), des töricht zum musealen Alteisen geworfenen Lateinischen. Die sich innovativ wähnenden reformierten Geistes- oder Kulturwissenschaften bewegen sich auf dem gleichen Niveau wie von der zeitgenössischen Sprachlosigkeit geschlagene Pubertierende, die es «uncool» finden, antiquierterweise auf lateinische oder muttersprachliche Ausdrücke zu rekurrieren – nur mit dem traurigen wie peinlichen Unterschied, daß man von arrivierten Wissenschaftlern eigentlich etwas mehr intellektuelle Reife verlangen dürfte.
Überhaupt gleicht sich die Terminologie der *kultur- und medienwissenschaftlich* verpanschten, ehemals geisteswissenschaftlichen akademischen Disziplinen immer mehr dem hilflosen Stammeln degrammatikalisierter *Slangs* und *Codes* einer angeblichen Jugendsprache an, die natürlich gar keine solche authentisch ist, sondern einzig das pervers kalkulierte Produkt merkantil-kommerzieller Manipulations-Intentionen.
Die Verdrängung der Geisteswissenschaften durch *Kultur- und Medienwissenschaften* ist vom ideologischen Zwang zur kritiklosen Anpassung ans Bestehende diktiert. Sie zielt auf intellektuelle Domestizierung, blinde Trendhörigkeit, auf die Schwächung des vermittelnden Logos und eine semantisch verengende *Codierung* der (Wissenschafts-)Sprache. Analog dazu ist die «Liberalisierung des Bildungsmarktes» eine ebenso

schamlose wie törichte doppelte contradictio in adiecto. Sind schon «Bildung» und «Markt» genuin völlig unverträgliche Konzepte, so versteckt sich hinter deren «Liberalisierung» das genaue Gegenteil freier Pluralität: lobbyistisch diktierte Uniformierung und Ausschaltung des Denkens und Forschens. Die möglichen Themen für wissenschaftliche Arbeiten sind nach starren, geradezu neu-scholastischen Hierarchien des Fördergeld- und Marktwerts vorgegeben – eigene und unangepaßte, an literarisch-philosophischen Primärwerken orientierte Ideen einzubringen, ist längst nahezu unmöglich geworden.

7.

In den Geistes- und Sozialwissenschaften führt die herbeigeredete Krise, daß theoretisch und methodisch «alles schon gesagt» zu sein scheint, kaum zu einer historischen wie systematischen Selbstbesinnung. Infolge des Absterbens hermeneutischer Phantasie können entleerte Begriffe operieren, die sämtliche sprachlich-etymologischen Grundlagen verdrängen und als modische terminologische Manierismen die ältesten philosophischen Selbstverständlichkeiten in eine formal umständliche und fruchtlose Beleuchtung setzen. Eine verarmte künstliche Sprache, in immer schlampigerer Fehlerhaftigkeit verwendet, blutet zu abstrakter Formelhaftigkeit aus und schafft so zugleich ihren Bezugshorizont, die «Welt», ab.
Die heutigen Geisteswissenschaften haben in vorauseilendem Gehorsam dasjenige eingeholt und überholt, was bei Horkheimer/Adorno noch als prophetische Utopie und Dystopie in einer kulturpessimistischen Bestandsaufnahme betrachtet werden konnte: die ihrer vernunftgeleiteten Selbstreflexion beraubte Ratio. Die (nach Kant) transzendentale und sich selbst auf die Bedingungen ihrer Möglichkeiten und Grenzen hin befragende Ganzheitskompetenz der reflektierenden Vernunft wird auf die unhinterfragte «Rationalität» eines empirischen Positivismus beschränkt, zu dem die Spielarten des Strukturalismus – einer wie kaum eine andere von ihren Schülergenerationen ausgeschlachteten, zerfledderten und sinnentstellten akademischen Mode – nur formalistisch-antipodische Abziehbildvarianten und so wiederum unfreiwillige Auguren darstellen. Die sogenannte vergleichende *Kulturwissenschaft*, gebe sie sich theoretisch oder empirisch-geschichtlich, bedeutet die Enthistorisierung und begriffliche Uniformierung von genuin hermeneutisch-philologischen Fächern.

Als gravierendste Folge dieser Tendenz ist der unkritisch nivellierende Zusammenfall von Zeichen und ihren Bedeutungen zu nennen. Gerade in der schematischen Hervorhebung der Differenz schafft die Kulturanthropologie unweigerlich die Basis für die unvermittelte Einebnung aller Differenzen. Was sich als Akzeptanz der «Diversität» ausgibt, ist in Wahrheit monotone terminologische Spielerei. Hierin liegt die subtile und doch durchsichtige Anpassung der sich selbst eliminierenden Geisteswissenschaften an den totalitären Sog der *Wissens- und Informationsgesellschaft*. Das Ziel der sogenannten «Modernisierung» der Geisteswissenschaften ist der Hörsaal als *Exzellenz-Cluster*-Boulevard.

Die akademischen Reformen der Geisteswissenschaften, also der zeitlich-historischen und vor allem sprachlichen Konstitution des Geistes und der menschlichen Existenz, zielen auf deren Beschlagnahmung, Gleichschaltung und letztliche Auflösung. Einer der wesentlichsten Faktoren zeitgemäß globalisierter Universitätspolitik ist (wie schon erwähnt) die schleichende Abschaffung von Büchern, die nachhaltige Entfernung von «Orten» geistiger Konzentration aus dem Gesichtskreis einer funktionalistisch *informierten* und uniformierten Gesellschaft.

In pädagogischer Hinsicht werden in der *vernetzten* W*issens- und Informationsgesellschaft* Tendenzen führend, die unter sporadischer Berufung auf antiautoritäre und «dezentrierte» didaktische Konzepte der sechziger und siebziger Jahre – bei gleichzeitiger Vermischung mit zumeist undifferenziert gehandhabten Ausdrücken sogenannter «postmoderner» Provenienz – einen Uralt-Zopf neu hofieren, den sie als abgeschnitten und obsolet zu betrachten wähnen: nämlich das sture Auswendiglernen von blinden Wörtern und Fakten, von undurchdrungenen und nie in Frage gestellten Begriffs-Autoritäten, nunmehr zu modisch-manieristischen Schlagworten der *Trend*diktatur mutiert.

8.

Eine Kollegin aus dem akademischen Lehrbetrieb hat mir eine Geschichte mit aufschlußreich anekdotischem Charakter erzählt. In einem literaturwissenschaftlichen Seminar über Kafkas Romane stellte sie bei der Besprechung von «Das Schloß» die Aufgabe, die erzählerische Eingangspassage mit derjenigen des zuvor besprochenen Romans «Der Prozeß» zu vergleichen. Sie erntete als erste Bemerkung den Einwand eines Seminar-

teilnehmers, man habe doch den «Prozeß» lange genug besprochen, warum man nunmehr noch auf alte Unterrichtsinhalte zurückkomme, wenn man doch jetzt in der Abfolge des Seminarplans fortgeschritten sei.
Die Bemerkung stellt keinesfalls ein singuläres und zufälliges Ereignis dar. Vielmehr ist sie ein augenfälliges Indiz für die nahtlose Einfügung der Studenten in ein ganz und gar zeitgemäßes Lehr-, Lern- und «Bildungs»-Konzept, welches pure Informations-Addition an die Stelle hermeneutischer Reflexion, Text- und Weltinterpretation gesetzt hat. Die Unfähigkeit und Unwilligkeit zur Re-flexion, also vergleichenden Rückbeugung, zur hermeneutischen Auswertung der Wieder-holung als Bedeutungssteigerung, ist identisch mit dem Verlust sprachlicher Vermittlungs- und Erinnerungsfähigkeiten, und auf genau dieses Ende zielt die «Bildungs»-Politik im Zeichen der *vernetzten Informationsgesellschaft*. An die Stelle kritisch-gedanklicher Durchdringung tritt additive Informationsreihung. Aus genau diesem Grunde ist die Einführung von Studiengebühren nur konsequent, denn für eine einfache Ware bekommt man eine andere einfache Ware, und selbstverständlich schlägt dieses System pekuniärer Äquivalenzen sich früher oder später in einer dem abstrakten Äquivalenzfaktor Geld angemessenen numerischen Quantifizierung des geistigen Potentials auf beiden Seiten des solchermaßen manipulierten Lehrbetriebs unweigerlich nieder. Das Gesamtergebnis einer derart unfreien wie humanismusfeindlichen, gewalttätigen «Bildungs»-Politik mit idiotischen Schikanen erzwungener Verschulung und Verflachung aber wird bestenfalls das verzagte geistige Mittelmaß sein.

9.

Der Gedanke der kulturellen Vielfalt und Fundamentaldifferenz in den modernen *Kulturwissenschaften* wird als «postmoderne» Heterogenität des mannigfach *Vernetzten* falsch beschrieben und remanifestiert so die naive Illusion trivialer terminologischer Verfügbarkeit.
Als nur scheinbar «dezentrale» Wissensmethodik reformulieren und restaurieren die *Kulturwissenschaften* eine ideologische Abgrenzung der Seinsbereiche innerhalb einer verwässerten und verflüchtigten Welt. Genau darum wird die Hermeneutik des Nächsten und Eigenen, welche allein als dialektische (Selbst-)Reflexion «Selbst» und «Andersheit» durchsichtig machen könnte, als «eurozentrisch» oder gar – in der Manier

diffuser esoterischer Moden – «logozentrisch» abqualifiziert, nur um darin den eng beschränkten pseudowissenschaftlichen Horizont *codierten* Angepaßtseins dogmatisch-behäbig abzustecken, und um sich das Sein des «Anderen» problemlos einverleiben zu können.

Was die heutige *Kulturanthropologie*, die *System- und Medientheorien* und alle weiteren wuchernden terminologischen Manierismen gemeinsam haben, ist ihre diffuse Abkunft von älteren philologisch-hermeneutischen Theorien. Mit einem neuerungssüchtigen Gestus, der seine eigenen Grundlagen willentlich vergessen macht, ist der zeitgemäße Ansatz des akademischen Denkens wesentlich dogmatischer und weniger pluralistisch als er zu sein vorgibt. Die vielbeschworenen «Diversitäten» der Kulturen und Mentalitäten sind ihm lediglich funktionalistische Anknüpfungen an den reibungslosen «Betrieb», dem er sich qua Methodik und normierter Sprachverarmung rückhaltlos eingliedert. Die Vielfalt der Erfahrung von Kultur-Mentalitäten schrumpft zu einem synchronistisch-theoretischen Modell, welches die nur vorgeblich anvisierte inhaltliche Fülle in das Zwangskorsett gleichschaltender Kategorien einsperrt.

Das Wesen der «wissenschaftlichen» *Interdisziplinarität* ist dem der *vernetzten Informationsgesellschaft* analog, beide stimmen überein im unvermittelten Nebeneinander visuell ikonisierter «Räume». Die in den vorangegangenen Kapiteln über *Vernetzung* und falsche *Medien*-Konzepte dargestellte Psychologie des *Hyperlink* fördert die naive Chimäre einer *kulturwissenschaftlichen Trans- oder Interdisziplinarität*.

Die Austreibung des Logos wird wesentlich mitbestimmt durch die massenmediale visuelle *Vernetzung*. Die leere Schnittstelle zwischen pseudorationaler Technokratie und sprachlicher Primitivität ist mangelnde Vermittlung und Reflexion. Überall hat sich passive Bequemlichkeit gegenüber der bloß äußerlichen, unablässig flimmernden Bilderflut eingestellt, überall, in der Kommerzwelt bis zu den Universitäten, ist der virtuell sensationsgeile und real impotente Bildchen-Voyeurismus vorherrschend.

10.

In bewährter abendländisch-humanistischer Tradition sind die Literaten im weitesten Sinne – wenn man, wie durchaus ratsam, nicht rigide zwischen natur- und geisteswissenschaftlichen Theoretikern, Philosophen und poetischen Wortkünstlern unterscheidet – Träger nicht nur distinkter

Sprachkultur, sondern damit zugleich des aufklärerisch-humanistischen Fortschritts, menschlicher Selbstreflexion und -bestimmung. Neben den wissenschaftlichen Spezialdisziplinen besitzt die schöne Literatur, das sprachlich verdichtete Kunstwerk gewissermaßen die Aufgabe und Ausdrucksform eines «professionellen Universaldilettantismus». In einem vielschichtigen Sinne respektvoller Fremd- und Selbstironie gestaltet Literatur durch ihre integrative, künstlerisch gestaltete Sprachform einen hermetischen, das heißt gleichzeitig geschlossenen und offenen Horizont universaler semantischer Vermittelbarkeit und Vermittlung.

In dieser den ganzen Möglichkeitshorizont menschlicher Existenz umfassenden Berufung ist Literatur Sprach- und Lebenskultur – das Gegenteil der sprachlich-intellektuellen Vergewaltigung und Sterilisierung des Menschen durch die Banausie der zeitgenössischen elektronisch-*medialen Informationsvernetzung*. Was die stets mit dem ambivalenten Gedanken des menschlichen Fortschritts befaßte literarische Tradition der Neuzeit im engeren Sinne unter anderem gegenüber dem trivialen und geschmacklosen technologischen Fortschrittsoptimismus der Gegenwart auszeichnet, ist ihre kritische und innersprachliche Selbstreflexion auf Bedingungen, Möglichkeiten und Grenzen menschlich-rationaler Selbstentfaltung. Gerade das poetologisch-philosophische frühromantische Konzept einer das ganze Leben dichterischer Gestaltung unterwerfenden «progressiven Universalpoesie» reflektierte die moderne Fragmentierung der menschlichen Lebenszusammenhänge, des organologischen Ganzheitsbegriffs, und die Grenzen sprachlich-poetischer Artikulationskraft. Der Gedanke der Fragmentierung und der Unüberschaubarkeit wirkt, gleichzeitig an einem problembewußt antizipierten Totalitätskonzept festhaltend, in der Romanliteratur des zwanzigsten Jahrhunderts kreativ nach. Der selbstbezügliche Möglichkeitshorizont der ästhetischen und intelligiblen Einbildungskraft integriert das inhaltlich Mannigfache unter der Vermittlungsinstanz der künstlerischen Form in ein deutungsoffenes sprachliches System.

Weit hinter das erreichte kognitive Niveau kritischer Welt- und Selbstinterpretation des neuzeitlichen Bildungsromans fällt die zeitgemäße *Kulturwissenschaft* zurück. Gerade die strukturalistischen und poststrukturalistischen Sprach- und Literaturtheorien betrachten die sich unweigerlich aus sprachlich reflektierter Selbst-, Kultur- und Gesellschaftskritik ergebende Bedeutungs-Dezentrierung und -Destabilisierung binärer Oppositionen als ein der Sprache immanentes Problem, womit gerade der gesellschaftliche Vermittlungszusammenhang von Sprache und Literatur im Blickfeld bleiben könnte. So ist etwa Derridas sprachphilosophisch-literarische Interpretation des Phänomens semantischer Streuungen überhaupt nicht mit dem trivialen Schlagwort «postmoderner Beliebigkeit» zu erfassen, sondern stellt eine weitsichtige essayistische Vermittlung zwischen Zeichen und ideologieresistenten Bedeutungen dar: eine Mannigfaltigkeit, die sich einem tradierten Problem der Hermeneutik in einer durch Nietzsche, Freud und Heidegger inspirierten kritischen Perspektive stellt.

Die *Kultur- und Medienwissenschaften* hingegen fallen in ihren Theoriekonstrukten in einen additiven Empirismus und Positivismus zurück, von dem sie in Wahrheit auch ihren Ausgang genommen haben. Ihre Kulturtheorie ist lediglich die stereotype Reproduktion von Datensätzen ohne gedanklich durchdrungenen und vermittelten Erkenntnisgewinn, analog der naiven «Abbildtheorie» des erkenntnistheoretischen Empirismus, der über die Struktur der Erkenntnis keine sinnvolle und schlüssige Aussage zu treffen vermag. Mit der Verbannung des hermeneutischen Kultur- und Werkverständnisses in die Isolation veräußerlichter und ihrer interpretatorisch-sinnstiftenden Bedeutung beraubter *codierter* Zeichensysteme ist der wichtigtuerisch sogenannte *cultural turn* auf akademischer Ebene exakter Ausdruck des sinnentleerten Formelspiels der falschen neopositivistischen, allgegenwärtigen Veräußerlichung *vernetzter Informationen*.

Dabei sind die *Kulturwissenschaften* schließlich nichts anderes als der vital erlahmte und sich selbst «enterbende Geist» der Geisteswissenschaften, der die kleinkrämerische Sammelwut des Gelehrtenhistorismus des neunzehnten Jahrhunderts auf der Ebene systematischer Abstraktionen wiederholt. Ihre oft durchaus schlüssigen und akzeptablen zusammenfassenden Interpretationsthesen sind zumeist vergleichende Beobachtungsergebnisse, welche eher soziologisch als philologisch relevant sind. Der Löwenanteil aber kommt der simplen empirischen Materialaddition zu, deren Darbietung in der Regel mit der sachlich unvermittelten rhetorischen Schminke eines *interdisziplinären* Neubegründungsanspruchs der wissenschaftlichen Fragestellung keck überkleistert wird. Die *Kulturwissenschaften* suchen nach einem *transdisziplinären*, theoriefundierenden

Beobachtungs-, Reflexions- und methodischen Deskriptionspunkt. Doch ihre Bemühungen fallen weit hinter die alte idealistische Reflexionsphilosophie zurück und sind auch dann zur anachronistischen Naivität und begrifflich verwässerten Epigonalität verurteilt, wenn sie konzedieren, daß es keinen positiv fixierbaren transzendentalen Stabilisationspunkt gebe – welcher paradoxerweise innerhalb und außerhalb des Systems zugleich liegen müßte. Allerdings hätten sie dies auch längst zuvor wissen können und müssen, wenn sie hermeneutisches Denken und seine Bemühungen um die Geistesgeschichte ernstgenommen und verstanden hätten.

11.

In dieser Hinsicht ist es unumgänglich, einen genaueren Blick auf die haarsträubende Begriffspanscherei zu werfen, mittels welcher sich die Geisteswissenschaften als *Kulturwissenschaften* selbst abzuschaffen im Zuge sind. Die in zahlreichen unerheblichen Varianten anzutreffenden Schlagworte der *Transdisziplinarität*, *Metareflexivität*, *Intermedialität oder Interaktivität* rekurrieren auf ein im Grundsatz unverstandenes Vokabular der Transzendentalphilosophie, welches mit der willkürlichen Ersetzung durch Begriffsbruchstücke in seinem logischen und methodischen Sinn verfälscht und enstellt wird. Die sinnstiftende Begrifflichkeit und gedankliche Kohärenz der Transzendentalphilosophie wird – im schlimmstmöglichen und philosophisch mißverstandenen Sinne «postmoderner Grenzdiffusion» – mit beliebigen empirischen *slots and fillers* besetzt und zu einem unflexiblen inhaltlichen Dogmatismus verpanscht. Die grundsätzliche philosophisch-methodische und wissenschaftstheoretische Schwierigkeit, daß Form und Inhalt jeglichen Denkens und Sprechens notwendig dialektische Komplementärkonstituenten bilden, wird hintergangen, indem man Form und Inhalt in einen Topf wirft, um sie dann als unvermittelte Dichotomien auseinanderzudividieren und zu starren inhaltlichen Datenkumuli zusammenzuschnüren. Die *kulturwissenschaftlichen* Methoden sind von vornherein unfähig, die Akzeptanz von «Diversitäten», die sie sich auf ihre Fahnen schreiben, wissenschaftlich zu begründen – alle empirisch datierten *fillers* sind zufällig und revidierbar.

Die *Kulturwissenschaften* sind eine Hybrid-Konstruktion, die ihren Selbstwiderspruch – der sich bereits im unsicheren Schwanken zwischen der Begriffsverwendung im Singular oder Plural kundtut – geflissentlich unter

den Tisch kehrt. Einerseits streben sie oder strebt sie einen formalen, «apriorischen» Selbstbegründungsanspruch an, indem sie alle empirischen Einzelerkenntnisse vorab, im vermeintlichen Wechselspiel von Induktion und Deduktion, systematisch von einer Meta-Ebene der Beobachtung aus zu delegieren und kategorisieren bemüht sind. Andererseits werden die Elemente und Momente dieser Beobachtungsebene stets nur empirischen Einzelerkenntnissen und -hypothesen entlehnt, mit kontingenten *Netzwerk*-Daten willkürlich unterlegt. Die *Kulturwissenschaft*, im Singular, fällt in ihrem transzendentalen und *transdisziplinären* Selbstbegründungs- und geisteswissenschaftlichen Erneuerungsanspruch ebenso unweigerlich wie konsequent und grotesk in einen naiven Empirismus zurück. Was den kaum zu beanstandenden Plural des Begriffs angeht, so ist es schwer verständlich, warum die Traditionen geistes- und sozialwissenschaftlicher Einzeldisziplinen mit der gegenwärtigen Vehemenz hinweggefegt werden – dahinter steht die Hysterie der «Innovation» um jeden Preis.
Der aktionistische Selbstrechtfertigungszwang einer geisteswissenschaftlichen «Erneuerung» in der Selbst-Vermischung mit der *Medienwissenschaft* ist bloß ein dümmliches und methodisch unsauberes, fahrlässiges Mißverständnis der eigenen philosophisch und philologisch überlieferten historischen Grundlagen. So wird die Welt in ein schematisches Primitiv-System aufgelöst, das nur aus unkritisch übernommenen, virtuell verflüchtigten partikularen Daten besteht.
Das in der frappierend unkritisch und schematisch reduplizierten kulturwissenschaftlichen Modeterminologie dominierende Präfix «Inter-» bekundet genau diesen undurchdrungenen Schematismus. *Intertextualität*, *Intermedialität*, *Interkulturalität* und *Interdisziplinarität* bezeichnen nichts weiter als einen von der kritischen Urteilskraft entkoppelten Generator lauten Wortgeklingels, in dem das willfährige Präfix reine Bedeutungsheischerei wird und so in der *kulturwissenschaftlichen* Terminologie die Sprache zu hölzernen Dogmatismen erstarren läßt. Seine Hauptaufgabe besteht darin, die inhaltlich jeweils spezifizierenden Begriffskonstituenten wie «Disziplin», «Kultur» und vor allem «Text» und «Medium» in inhaltlicher Vagheit verwaisen zu lassen, sie der Notwendigkeit der begrifflichen Sinnschärfe zu überheben, konzeptuelle Oberflächen-Idole dort regressiv zu etablieren, wo einst Aufklärung und klassische Moderne die mühevolle Odyssee kritisch-denkerischer Begriffserhellung vorantrieben.

12.

Die Mode- und Reiz-Termini «Intertextualität» und «Intermedialität» gehen einher mit den lax verteilten Freibriefen zum «postmodernen» Assoziieren von allem und von nichts, zum Naschen und Nippen an Nachbardisziplinen, zum Abdanken vor der dialektischen Anstrengung des Begriffs, zur Veräußerung der Sprache an ein Modeschmuckperlenspiel *codierter* Signifikanten, zum Umschlagen der «leeren Unendlichkeit» der ästhetisch-kritischen Urteils- und Einbildungskraft in die «unendliche Leere» (Schiller) substanz- und perspektivloser Formelspielereien. Aber sprachliche Werke sind mitnichten anonyme Kumulationspunkte und zufällige Schnittfelder beliebiger semantischer Strömungen. Anspruchsvolle Texte sind im wesentlichen überhaupt nicht Produkte von «Intertextualität», nur der Boulevard-Journalismus und die sprachliche Trivialästhetik entsprechen diesem Beschreibungskriterium, indem sie die karge Oberfläche des sprachlichen Scheins und Verkümmertseins wiedergeben.
Die Frage nach elitären oder populären Bewertungskriterien für den Wert von Texten ist in sich unsinnig, weil sie fälschlich genau dasjenige statisch veräußerlicht, was sie in populistischem Wähnen für demokratisch hält: nämlich die reflektierende Urteilskraft. Sie ist es, die stets innerer Wertungsschwerpunkt und subjektiv-allgemeiner Maßstab der Gestaltung und kritisch-reflexiven Wertung von Sprachwerken ist – keineswegs sind dies von außen unvermittelt an Texte herangetragene terminologische Modespielereien.
In wissenschaftshistorischer Hinsicht gebührt dem Strukturalismus die (germanistische) Reverenz, sprachorientierte Exaktheit in ein zum Teil schwammiges begriffliches Schweifen und Greifen im Überall und im Nirgends gebracht zu haben. Daß auf seinen Grundlagen heute in doktrinären Hybriden die Ideologie angeblicher Ideologielosigkeit die fauligsten Blüten des inhaltsverlustigen Theoretisierens in begrifflicher Spiegelfechterei treibt, ist ihm nicht ohne weiteres anzulasten. Kaum ein Schlagwort ist in falscher Einseitigkeit schlimmer mißverstanden worden als die unglücklich verknappte These vom «Tod des Autors».
Texte, seien sie dichterischen oder diskursiven Charakters, sind nur in einer selbstreflexiven Thematisierung ihrer sprachlichen Organisation diskussionswürdig. Wer dieses Bewertungskriterium unterläuft, muß zugleich die «logozentrischen» Grundlagen der europäisch-neuzeitlichen

Aufklärung negieren, und der Verweis auf das Andere der Vernunft, auf eine «postkoloniale» kulturelle Betrachtung wird nur Ausflucht sein, eine Hilfskonstruktion, die bloß den Blick aus dem Käfig des Innen auf den Käfig des Außen gestattet. Dem sprachlich-aufklärerischen Anspruch der Neuzeit jedoch wird sie nicht gerecht. Seit Cervantes, Shakespeare, Kant, Hegel, Goethe, Schiller und den Romantikern wissen wir, daß wir keinen total «anderen» Blickwinkel auf die Vergangenheit kennen, daß unsere Imagination des Anderen komplementäres, oft verstörendes Pendant des Eigenen ist.

Texte sind Spielfelder von Bedeutungen, aber sie sind es nicht als kontingente Schnittpunkte einer anonymen «Intertextualität». Texte sind hermetisch; die tiefsinnige Paradoxie des – in der Wissenschaftsmoderne zum Teil kritisch erhellten und wieder verdunkelten – Mythologems gilt es gegen das philosophisch fehlerhafte und dogmatisch veräußerlichte Ideologem der «Intertextualität» und «Intermedialität» neu zu bedenken. Sprachwerke sind als Sinngewebe nichts geringeres als das Bild der Welt, und die Welt ist nichts anderes als die textuelle Organisation ihres Bildes. Sprachwerke organisieren sich selbst und ihr Außen aus einem sprachsensiblen Innen heraus. Sie sind nicht «intertextuelle Produkte» eines anonymen Spiels semantischer Fetzen und Imaginationsfragmente, sondern sie bedeuten und sind zugleich die sprachliche Welt- und Selbststrukturierung in einer Wechselbeziehung von Außen und Innen. Die pseudostrukturalistische abstraktive Spaltung von Welt und deren semiotischer «Repräsentation» bietet keine kulturphilosophische Grundlage für ein existentielles Verstehen des genuin sprachlich konstituierten menschlichen Selbst.

Texte können nicht als *Hyperlink*-Modell zum präparierenden Schneidwerk für einen *transmedialen* Eintopf diffuser *Vernetzung* dienen. Wenn der Begriff Intertextualität irgendeinen Sinn hat, dann nur in dem vermittelnden Sinne, daß Texte als Reflexionsgebilde geschlossen und offen zugleich, eben hermetisch und nur so logisch sind. Was gegenwärtig unter den modemethodischen Begriffen *Intertextualität*, *Intermedialität*, *Interkulturalität* undsoweiter kursiert, tendiert faktisch zur kritiklosen Oberflächen-Veräußerlichung von Signifikanten und Signifikaten. Es spielt freiwillig-unfreiwillig den tonangebenden Schwätzern, der nivellierenden Diktatur des ästhetischen und intellektuellen Pöbelniveaus, die Bälle zu, dem Bach und Beethoven soviel ist wie Bohlen. Eine solche Nivellierung ist mitnichten demokratisch, ihre Distinktionslosigkeit bedeutet eine rigide Beschneidung des geistigen Horizonts, intellektuelle Kastration durch ästhetische Verlumpung.

Vernetzung, wie der Boulevard und die akademische Mode sie (miß) verstehen, ist das Gegenteil von horizonterweiternder Vermittlung. Erkenntnistheoretisch bewegt sich die *Vernetzung* auf der Ebene einer naiv empiristischen «Bildchen»-Theorie. Die Bilder der Welt sind in unserem Kopf, also müssen sie von außen hineingekommen sein: So dachten die Epikureer, und auf diesen vorkritischen Standpunkt fallen die Kulturwissenschaften zurück, nur daß sie unreflektierte Inhalte mit der Versteinerung der terminologischen Formelspielerei vertauscht haben. Sie sind keine Bewahrer und Erneuerer der Philologien und Geisteswissenschaften, bestenfalls fragwürdige Hybrid-Dependancen der Soziologie, die der Isolierung, Verflachung und Verarmung der geistig-kulturellen menschlichen Daseinsorientierung Vorschub leisten.

Das angeblich mit «Meta-Positionen» der Beobachtung endlos fortsetzbare *kulturwissenschaftliche* Meta-Theoriemodell ist eine ahistorische, archivarisch klassifizierte Ausstellung von ent-zeitlichten, mortifizierten Kulturgütern, die einst – im neuzeitlich-humanistischen Bildungsgeiste – dem hermeneutischen Rezipienten freier ästhetisch-(auto)didaktischer Bildung zugänglich waren. Die kulturellen Exponate, die, je nach räumlich-zeitlich changierender Standpunktperspektive und wechselnder Beleuchtung, unter Glas dem perspektivischen Blick zur Kontemplation freistanden, sind nunmehr unter undurchsichtige Glocken gestellt worden, welche ihrerseits mit schlagworttragenden Etiketten beklebt wurden. Die neuzeitliche Einsicht in den differentiellen Reflexionscharakter von Erkenntnis fällt in einen naiven, nivellierenden und sachlich falschen Positivismus zurück.

Im übrigen wendet die ganze zeitgemäße Unsitte der technisch gesteuerten Schleusung von Menschenmassen durch die Ausstellungsräume nicht virtueller, sondern realer Museumsräume – oder umgekehrt, was als Signum nicht freiheitlicher, sondern nihilistischer Beliebigkeit mittlerweile identisch geworden ist – das gleiche Prinzip der Verflachung und kontemplationszerstörenden Rezipientenentfremdung als leitendes Prinzip der sogenannten Kulturvermittlung an.

13.

Die *Kulturwissenschaft* ist der schwindsüchtige Erbe der Geisteswissenschaften. Sie besitzt weder die Ehrlichkeit noch die Sensibilität Hanno Buddenbrooks, der aus Überdruß und Schwäche einen Schlußstrich unter die bildungsbürgerliche Genealogietafel zieht, sondern sie kehrt parasitär der seicht-optimistischen Oberfläche des «Betriebs» ihr opportunistisches, gequält grinsendes Amüsement-Antlitz zu. Die im Zuge ihrer intellektuellen Selbstentblößung forcierte Austreibung des Logos im akademisch-bürokratischen Ornat der hektischen Ersetzung der Geistes- durch *Kulturwissenschaften* betreibt mit der trendhörigen Entäußerung eigenster Anliegen das simple Geschäft der Anbiederung an den dominanten *Mainstream.* Das richtungsgebende Movens der *Kulturwissenschaften* ist ein logisch unvermittelter virtueller Fakten-Positivismus, eine statische Daten-Aneinanderreihung, die den idealistischen Entwurf einer teleologisch-entelechischen Welt doppelzüngig ablöst. Ihr schablonenhafter Systematisierungs- und Klassifikationszwang von Allem und damit von Nichts bedeutet einen fragwürdigen enzyklopädischen Rationalismus, eine unsachgemäße, hilflose Anbiederung an den Datenpositivismus naturwissenschaftlich-empirischer Disziplinen. Die kommerzialistisch-trendhörige Verschlagenheit der plumpen «Volksnähe» versucht politische und gesellschaftliche «Akzeptanz», nicht zuletzt bei «Sponsoren», zu erheischen. Nach angeblich demokratischen Grundsätzen ästhetischer «Kritik» und Methodik gilt jeder dümmliche Hollywood-Kintopp ebensoviel wie Goethes «Faust». Wieviel an plebejischem Intellekt-Ressentiment in solchen Haltungen liegt, ließe sich nur dann beantworten, wenn nicht längst die tumbe Banausie im gesellschaftlichen Leben und Empfinden tonangebend wäre.

Es ist ein groteskes und gespenstisches Bild: Im Zuge der emanzipatorischen Rationalisierung schafft Rationalität sich in hybrider Selbstübersteigerung ab, indem sie ihre leere Abstraktheit verwirrt und gutgläubig für ihr eigenes Bild nimmt und sich dessen blinder, reduktionistischer Version unterwirft. Das aufklärerische Postulat transzendentaler Selbstreflexion ist zur blinden Assimilation an ein chimärisches «Selbst» anonymer Nivellierung degeneriert. Darum besiegelt die *kulturwissenschaftliche* Theorie der Kunst de facto auch das Ende schöpferisch-phantasievoller, unangepaßter Kunst. Darum gibt es allein noch einen Bestseller-Markt und keine kritische Literatur mehr.

Aus der – zu großen Teilen nur herbeigeredeten – Krise der Geisteswissenschaften versprechen die sogenannten *Kultur- und Medienwissenschaften* vorgeblich einen Ausweg, indem sie einen *Transdisziplinarität* bietenden, «selbst- und metareflexiven» Standpunkt selbsthypnotisch anzustreben wähnen. Sie stellen bereits in ihren fehlerhaften methodischen Grundlagen einen Rückfall hinter die aufklärerisch-transzendentale Selbstreflexion von Vernunft und wissenschaftlicher Ratio dar, indem sie empirische und transzendentale Kategorien, Inhalt und Form zu einem dilettantischen Brei vermischen und jegliche philosophisch-logische Grundlagenreflexion im Ansatz verderben. Es ist ein Jammer anzusehen, wie die Geisteswissenschaften in ihrer Aushöhlung durch *Kulturwissenschaften* in den naivsten Empirismus zurücksinken und faktisch genau dem verfallen, was sie übereifrig und krampfhaft abzuwehren meinen: nämlich dem Verkommen zu «Laberfächern», von denen ein distinktes Wissenschaftsethos sich zu Recht mit (bestenfalls) resignativer stoischer Melancholie abwendet.
Vernetzung ist das exakte Gegenteil von logischer Vermittlung. Ihre zu isolationistischer Armseligkeit verkommenen, fälschlich mit dem Attribut des *Medialen* versehenen Phrasen bedeuten die Verdunkelung eines offenen sprachlich-logischen Horizonts, die Verstümmelung kritisch reflektierender Einbildungskraft. Für die logisch-hermeneutische Vermittlungsgrundlage des sprachlichen Organons hatte man einst den metaphorischen Begriff «Text», der nicht mehr und nicht weniger als «Gewebe» bedeutet. Seine unreflektiert verwässerte attributive Gleichsetzung mit *Vernetzung* markiert einen vordergründig unauffälligen kulturellen Bruch, der in Wirklichkeit die radikalstmögliche Kappung der Sprach- und Geistesgeschichte darstellt, nämlich die Sterilisation sprachlicher Logik und die Zerstörung geistig offener Vermittlungshorizonte.
Auf der Ebene der sogenannten akademischen Reformen repräsentiert die populistisch-zwielichtige Umformung der Geisteswissenschaften in *Medien- und Kulturwissenschaften* eine aggressive Eliminierung intellektueller Vermittlung durch den Götzendienst primitivistisch *codierter Vernetzung* – dieser wurde in den vorangegangenen Kapiteln kritisch beleuchtet. Die Geisteswissenschaften verkommen zum Abziehbild des plebejischen *Medien*-Boulevards und seiner banalen Sorg- und Gedankenlosigkeit. Sie verkaufen sich an den Weltverflüchtigungsmaterialismus der primitiven Schein-«Welt» des Hollywood- und Bollywood-Schunds und

der Computerspiele – die zeitgenössischen Varianten des faschistischen Heimat-Kitschs. Wo das dümmliche und ausdruckslose Geklimper eines einem angeblichen *Star* zugeschriebenen Pop-Songs genau den gleichen Beschreibungskriterien unterliegt wie die Matthäuspassion oder die Neunte Symphonie, ist mitnichten demokratische Gleichheit erreicht, sondern allein die Subsumierung und Nivellierung jeglicher intellektuellen, ästhetischen und moralischen Distinktion und Kritikfähigkeit unter die Diktatur des Pöbelgeschmacks.

Gerade indem sie sich strukturell ganz falsch an die Methodik der Naturwissenschaften und statistischen Disziplinen anbiedern, ziehen die *Kulturwissenschaften* völlig zu Recht den abwertenden Vorwurf unproduktiver «Schwafeldisziplinen» auf sich. Ein sinnvoller und fruchtbringender Dialog zwischen Geistes- und Naturwissenschaften hätte zuallererst an der dialogischen Klärung allzulang tradierter Mißverständnisse zwischen beiden Bereichen zu arbeiten. Eine solche Arbeit aber hieße Dialog als distinkte Profilierung methodischer Eigenheiten, nicht die würdelose Anbiederung an ein falsches und verwässertes, vom *Mainstream*-Kommerz diktiertes «Ideal» angeblicher *Transdisziplinarität*, welche in den wabernden projektiv-utopischen Chimären der *Vernetzung* eben nicht existiert und in ihren flachen mystischen Schattenskizzen auch nicht existieren kann.

Kulturwissenschaften sind die akademische Gutheißungs-Apologie der Vergewaltigung des Vernunftindividuums durch den Terror *medial vernetzter* und gleichgeschalteter Schein-Identität. Ihr als stolze Monstranz vor der schwindsüchtigen Brust gehaltener «Demokratismus» ist perfide Lüge, denn der nivellierende Kitsch ist entmündigend. Ästhetische und intellektuelle Vornehmheit, die Kitsch und Schwachsinn als solche benennt, ist keineswegs arroganter «Elfenbeinturm»-Elitarismus, sondern eine Voraussetzung einer Kultur des Logos.

Die in ihrer totalen historischen Selbstvergessenheit als *Kultur- und Medienwissenschaft(en)* verklausulierten Geisteswissenschaften zeigen im kindisch-nichtssagenden Begriffs-Glamour akademischer Zeitgemäßheit ein deprimierendes Bild intellektueller Selbstzerstörung des Logos. Das *mediale* Moment ihrer – zumindest in synchroner Hinsicht – intendierten «Kulturanalyse» haben sie in uneinholbare Ferne(n) suspendiert beziehungsweise entsorgt, indem sie alle geistigen Beziehungen lediglich als materialistisch-abstraktes Datenmaterial betrachten wollen. Vermittlung wurde durch *Vernetzung* ersetzt, Logik durch Addition, Sprache durch *Code*, hermeneutische Sinnerschließung durch solipsistische Datenkumuli.

Das gegenwärtige geisteswissenschaftlich-akademische Denken wird bestimmt vom simulierten Markt virtuellen «Nutzens». Im Bereich der Geisteswissenschaften ist das von allen benutzte und von niemandem verstandene Modeschlagwort *Diskurs* die sprechende Formel der Hilflosigkeit und Gleichgültigkeit, des zum Begriffsgötzen erstarrten inhaltlichen Vakuums. Der «Sinn» der *kulturwissenschaftlichen,* bei Lichte besehen semantisch armen Schlagworte wie *Cultural Studies*, *Anthropological Turn*, *Spacial Turn*, *ethnographische Wende* – oder gar zu allem Unglück: *Systemtheorie* – besteht in wenigen Klischeefunktionen, welche die philosophische, soziologische, ästhetisch-künstlerische, theologische, biologisch-naturwissenschaftliche, historische, hermeneutische und psychologische Dimension der universalen anthropologischen Problematik nicht allein verkennen, sondern geradezu hysterisch verdrängen.

Auf dem Hintergrund der zu grimassierenden Mode-Attitüden erstarrten Schlagworte des Strukturalismus und Poststrukturalismus läßt sich eine *kulturwissenschaftliche* Abqualifizierung traditioneller hermeneutisch-philologisch und philosophisch erschlossener Sinnzusammenhänge ausmachen, welche als «überholt» bezeichnet werden. Die dergestalt sich als «neu» gerierenden methodischen Präliminarien und inhaltlichen (Prä-) Suppositionen der *Kulturwissenschaften* sind jedoch nichts anderes als ein diffus verpanschter und aufgewärmter Eintopf aus im Laufe aufklärerischer Vernunftprogression «alt gewordenen» Erkenntnissen, die die standpunktabhängige Relativität einer erkenntnistheoretischen «Beobachterposition» betreffen: nur daß empirische und transzendentale Momente kritischer Selbstreflexion in der dilettantischen Manier eines «Zauberlehrlings» sorglos in einen Topf geworfen und in hochstaplerischer Scharlatanmanier als neues Wundermittel gepriesen werden.

Wissenschaftsphilosophisch betrachtet, erfüllen die dergestalt entwerteten, an den kommerziellen *Trend* verschacherten Relikte der Geisteswissenschaften eine überdeutliche Funktion im totalitären gesamtgesellschaftlichen Prozeß der Austreibung des Logos: Sie leisten einer gänzlichen Ignorierung der erkenntnistheoretischen Subjekt-Objekt-Spaltung zugunsten eines naiven, dem trivialisierenden *Mainstream* angepaßten platten Empirismus Vorschub. Ihr «wissenschaftlicher», sich dem

Gleichschaltungsterror uniformistischer *Vernetzung* völlig unterwerfender Populismus («Philosophie light») fällt in theoretischer Hinsicht noch weit hinter die (antike und moderne) Bewußtwerdung der zentralen Problematik der Subjekt-Objekt-Differenz zurück.
Die suggestive wie seichte Pseudowissenschaftlichkeit der *Medien- und Kulturwissenschaft* eliminiert die genuin geisteswissenschaftlichen Prinzipien, indem sie den konstitutiven ontologisch-hermeneutischen Zirkel ignoriert. Sie biedert sich den Erkenntnisprinzipien der Naturwissenschaften an, welche aus ihrem eigenen sachlichen Selbstverständnis heraus Halbheiten dieser Art zu Recht weit von sich weisen. Das ja altbekannte – aus Gründen des damals wie heute mangelnden Dialogs – irrtümliche Abqualifizieren der Geisteswissenschaften als «schwammiger Schwafelfächer» gewinnt gegenwärtig erst Berechtigung.

14.

Die resignative und makabre Groteske der Selbstabschaffung der akademischen Freiheit hat in der schlechten Boulevardkomödie deutscher Bildungspolitik einen augenfälligen und doch von bezeichnender politischer Stille begleiteten Ausdruck in der Einführung genereller Studiengebühren gefunden, kombiniert mit der fahrlässigen Abhängigkeit von Forschung und Lehre von der sogenannten Drittmittelfinanzierung. Damit einher geht die Intention einer fragwürdigen und oberflächlichen «Bildungs-Elitarisierung», der sozialen Züchtung einer privilegierten Kaste, für die Bildung identisch geworden ist mit dem Aufgehen des Individuums im ungeistigen Funktionskreislauf der *globalisierten Wissens- und Informationsgesellschaft*. Bildung wird monetaristisch zugeschnitten auf die das neue Jahrhundert prägende gesellschaftliche Kaste: den zum oberflächlich-arroganten Banausentum arrivierten bourgeoisen Plebs.
Die Äquivalenz-Zuordnung von Geld und dem rein funktionalistischen Konzept einzulösender «Bildung» ist stimmig. Geld ist der symbolische Ausdruck der vollständigen Fungibilität von Werten und der kreditären Vertagung realer Gegenwerte. Als solches ist es ein rein formales System «arbiträrer» Signifikanten ohne ursprüngliche Gegenwerte beziehungsweise Bedeutungen. In exakter Parallele wird Sprache in der *Informationsgesellschaft* zum abstrakten Spiel isolierter Signifikanten verflüchtigt, deren fungible Beliebigkeit die vermittelnd-vermittelte Sinnhaftig-

keit grammatischer Strukturierung im Zusammenfall von Allem und von Nichts auslöscht. Die reformierten Universitäten sind die akademischen Sachwalter des Sterbens von Sprache und humanistischer Bildung, sie beschleunigen den gesamtgesellschaftlichen Prozeß der Entliterarisierung und Degrammatikalisierung des menschlichen Denkens.

Um die Stichhaltigkeit dieser Aussage an einem Beispiel zu überprüfen, genügt es bereits, sich konzeptuelle Rahmentexte zur Einführung der neuen *Bachelor*- und *Master*-Studiengänge anzusehen. In ihnen ist von der Notwendigkeit und Zielvorgabe des Erwerbs von «Schlüsselkompetenzen» die Rede, welche in der Fähigkeit zu einer «additiven Vermittlung» (!) von «Wissen» bestehen sollen. Das heißt nichts anderes, als daß der Begriff der Vermittlung nicht mehr verstanden wird beziehungsweise nicht mehr in einem sprachlich-gedanklich angemessenen Sinne verstanden werden soll. «Vermittlung» ist ein dialektischer Begriff, der das exakte Gegenteil von «Addition» meint. Wie in der gesamtgesellschaftlichen Entwicklung geht es in den reformierten Studienkonzepten nicht mehr um kritische Reflexion, um sprachliche Vermittlung und die hermeneutische Erschließung von Horizonten, sondern um die «additive» Aneinanderreihung dogmatisch uniformierter Elemente und Funktionsglieder. Ziel der Ausbildung ist nicht Bildung, sondern Informierung, sprich «Uniformierung», der antizipierte geistig-vitale Tod.

Mit den finanziellen und inhaltlichen Studienreformen verkommt das akademische Bildungssystem zu einem Procedere der Abrichtung junger Menschen zu ihrer kritiklosen Einfügung in den Kreislauf des Bedeutungsschwunds und der sprachlich-geistigen Verarmung. Das Ziel der Ausbildung liegt außerhalb des sich entwickelnden Individuums: in dessen restloser Anpassung an das uniformierte anonyme «Man» der *medialen Informationsgesellschaft*. Die gesellschaftliche «Vermitteltheit» akademischer «Bildung» besteht allein noch in der identischen Vervielfältigung statisch-anonymer Informiertheit und der Lähmung des Individuums, das nur noch eine ferngesteuerte Marionette im Fangnetz der *medialen Vernetzung* ist. Der Zielpunkt der *Kommunikation* in Gesellschaft und universitär-verschulter Abrichtung ist die völlig «informierte» Gesellschaft, der soziale Körper als vampirischer Selbstverzehrer, dessen scheinbar unsterbliche Identität wie diejenige des virtuellen Computerspiel-Doppelgängers im Neustart seines post mortem simulierten «Lebens» besteht.

Die pseudo-ökonomischen Studienreformen simulieren die zukünftige Teilhabe am Gewußten, indem sie einen unüberwindlichen Keil zwischen die Wissenden und das von ihnen Gewußte treiben. «Bildung» unter dem Diktat der neoliberalen Marktwirtschaft ist das genaue Äquivalent zur gesamtgesellschaftlichen Austreibung des Logos. Daß man wie auf dem Gemüsemarkt auch etwas für sein Geld bekommt, ist das freche Trivialargument, mit welchem eine Fülle zeitgemäßer inflationärer Superlative scheinbar gerechtfertigt wird, die sich in Wahrheit aus der Entleerung des Betriebenen und Gebotenen an konkreter Bedeutung speist. Die gesellschaftliche Austreibung des reflektierten Logos wiederholt sich an genau dem Ort, welcher dem vulgären «Gerede» und der Gemeinheit gegenüber einen Freiraum für kritische Korrektive bieten sollte: der Universität.

15.

Die Standard-Argumente der Verfechter einer nach Prinzipien der Marktwirtschaft ökonomisierten «Bildung» sind ebenso banal und abgedroschen wie verlogen und falsch. Sie lassen sich unter dem Paradigma platter spießbürgerlicher Attitüden zusammenfassen: Wer Geld verdienen wolle, müsse zunächst solches investieren; der Dauerstudent liege der sozialen Gemeinschaft auf der Tasche; der in seine elitäre Wissensschau verliebte Schöngeist bringe keinen sozialen Nutzen und sei, vor allem durch seinen Hang zu kritischer Abgrenzung, ein meckernder Parasit; und was dergleichen mehr an gehässigem Unsinn kursiert. Parasitär ist allerdings nicht der Elfenbeinturm-Philosoph, der sich die unökonomische Muße zu differenziertem Nachdenken einräumt. Parasitär ist vielmehr der Betrieb der *Medien- und Informationsgesellschaft*, der eine monströse Zirkulation von bedeutungsleerem Schwachsinn in den virtuellen Äther bläst und dergestalt eine jahrhundertealte Geschichte humanistischer Aufklärung auf dem Müllhaufen infantiler *intermedialer* Sprachpanscherei entsorgt.

Weit über neunzig Prozent aller für Geistes-, Kultur und Gesellschaftswissenschaftler auf dem Arbeitsmarkt angebotenen Stellen reihen sich schon in ihrem Ausschreibungstext in den Reigen der Sprachverblödung ein. Besonders alarmierend sollte sein, daß dies neben der werbestrategischen und boulevardjournalistischen Sprachverhunzung sogar auch für den akademischen Bereich der philologischen Didaktik und Forschung gilt. Das erbärmliche Bild des Marktes für «geistige» Arbeit steht heute in

der sozial weit expandierten Nachfolge des früheren halbkünstlerischen Gauklerwesens, des Jahrmarkts und des Zirkus. Es ist ein Bild der tautologischen Zirkulation von aufgeblähten dümmlichen Superlativen und der Inszenierung von «sensationellen» Schein-Bedeutungen.
Fast jede bezahlte gedankliche Arbeit trägt heute zur Perpetuierung des Kreislaufs sprachlicher Sinnentleerung in der *Medien- und Informationsgesellschaft* bei. Im geistigen Zerstörungswerk des einundzwanzigsten Jahrhunderts, der kollektiven Austreibung des Logos, findet alles nichtmanuelle Tätigsein seine stets gefährdete Selbstrechtfertigung allein in der stets geschäftigen Als-ob-Simulation von Sinn und Bedeutung, im tautologischen Signifikantenkreislauf der *medial-vernetzten* Abschaffung existentieller Geschichtlichkeit.
Von diesem zu künstlicher Arroganz gezüchteten, aber fragilen Identitätsbewußtsein her rührt das allgemeine Mißtrauen gegen den sich dem uniformierenden Funktionskreislauf souverän entziehenden Denker des «Elfenbeinturms». Es ist die zivilisatorisch abgeschwächte Variante des propagandistisch aufgestachelten plebejischen Ressentiments – das in allen totalitären Gesellschaftsordnungen anzutreffen ist – gegen den intellektuellen Verneiner und unabhängig Denkenden. Darum sollen der Philosoph, der kritisch-distanzierte Denker und der Langzeitstudent genauso aus dem gesellschaftlichen Leben getilgt werden wie andernorts Arbeitsplätze «sozial verträglich» abgebaut werden. Die gegenwärtigen Studienreformen bedeuten die «sozial verträgliche» Eliminierung der aufklärerisch-humanistischen Bildungs-Idee, des Menschen, der «sich Zeit nimmt» und der (zu viel) «Zeit hat». Denn es rührt an die von der *globalisierten Wissens- und Informationsgesellschaft* auf der eindimensionalen Fläche ihres *Screen* vergewaltigte Wahrheit, daß der Mensch eine Existenz, eine Geschichte und einen komplexen Sprachhorizont besitzt.
Parasitär ist vielmehr die ihre eigene Sinnentleerung verwaltende *intermediale Informationsgesellschaft.* Mit zusätzlichen Strafgebühren sanktioniert der «ökonomisch» reformierte akademische Betrieb den Studenten nach zehn Semestern – für die er selbst bezahlt oder sich verschuldet hat –, mit dem Vorwurf, nicht schnell genug studiert, das heißt sich nicht restlos der Maschinerie der kommerzialistischen Abstumpfung des Denkens eingefügt zu haben. Der akademische *Diskurs* nivelliert sich in seiner eigenen Betriebsblindheit, in seiner opportunistischen Anpassung

an das vom massenmedialen Zirkus diktierte plebejische Votum für eine geistige Verflachung: eine Verflachung, die schamlos als «Elitarisierung» (das entsetzlich peinliche und plumpe Modewort dafür lautet «Exzellenzcluster») ausgegeben wird, während dahinter nichts anderes steht als die Herausbildung einer ökonomisch privilegierten Kaste, die auch geistig einem geschminkten und zurechttrainierten Menschentypus der Fitness- und Bodybuildingstudios angenähert wird.

Man mache sich die Mühe, die sprachlich-stilistische Diktion eines beliebigen auf Gesellschafts- oder Geisteswissenschaftler zugeschnittenen Stellenausschreibungstextes – oder auch eines akademischen Ankündigungstextes für eine *kulturwissenschaftliche* Lehrveranstaltung – mit derjenigen eines kommerziellen Werbe-*Flyer* für *Fitness*, *Wellness*, elektronisches *Chat-Hosting* oder mit ähnlichem Nonsens zu vergleichen: Unterschiede im Niveau sind so gut wie nicht vorhanden.

An den geisteswissenschaftlichen Instituten deutscher Universitäten tendiert die Tradition humanistischer Bildung zum Zielpunkt ihrer Selbsteliminierung: der blinden Akzeptanz des Bestehenden.

16.

Des Menschen ursprünglichstes existentielles Anliegen ist der Logos. Der Logos ist die geistige Bewegung, die das Selbst und das Andere durchsichtig macht. Ihr vermittelnder Charakter wird von der geschwätzigen *interaktiven Medien- und Vernetzungskultur* zerstört. Das Individuum und seine kognitiven Fähigkeiten werden gebrochen, sprachlich gleichgeschaltet. Der strukturelle Zwang zur Degrammatikalisierung und lexikalischen Verarmung bewirkt die totale gesellschaftliche Anpassung an den banausischen *Mainstream* dümmlichen Amüsement-Geplänkels. Die *vernetzte Wissens- und Informationsgesellschaft* raubt jeglicher kritisch-distanzierten Haltung noch ihr letztes Refugium des inneren Exils: den Logos, die Vermittlung von Geist und Leben, Individuellem und Allgemeinem. Auf die Frage nach dem Fortleben der Vermittlungsfähigkeit des Logos kann am Ende dieser Ausführungen nur ein pessimistisches Fragezeichen stehen.

* * *

Lese-Hinweise

Theodor W. Adorno / Max Horkheimer: Dialektik der Aufklärung. Philosophische Fragmente. Amsterdam 1947. Neuausgabe 1969.

Theodor W. Adorno: Minima Moralia. Reflexionen aus dem beschädigten Leben. Berlin / Frankfurt am Main 1951.

Günther Anders: Die Antiquiertheit des Menschen. I: Über die Seele im Zeitalter der zweiten industriellen Revolution. München 1956.
II: Über die Zerstörung des Lebens im Zeitalter der dritten industriellen Revolution. München 1980.

Hanno Birken-Bertsch / Reinhard Markner: Rechtschreibreform und Nationalsozialismus. Ein Kapitel aus der politischen Geschichte der deutschen Sprache. Göttingen 2000.

Wilhelm Dilthey: Der Aufbau der geschichtlichen Welt in den Geisteswissenschaften. Berlin 1910.

Wilhelm Dilthey: Das Erlebnis und die Dichtung. Lessing – Goethe – Novalis – Hölderlin. 3., erweiterte Auflage Leipzig 1910.

Hans-Georg Gadamer: Wahrheit und Methode. Grundzüge einer philosophischen Hermeneutik. Zuerst Tübingen 1960.

Hans-Georg Gadamer: Gedicht und Gespräch. Essays. Frankfurt am Main 1990.

Johann Wolfgang Goethe: Gespräche mit Eckermann.

Martin Heidegger: Sein und Zeit. Zuerst Halle an der Saale 1927.

Martin Heidegger: Unterwegs zur Sprache. Pfullingen 1959.

Wilhelm von Humboldt: Über die Verschiedenheit des menschlichen Sprachbaues und ihren Einfluß auf die geistige Entwickelung des Menschengeschlechts. Zuerst 1836.

Wilhelm von Humboldt: Schriften zur Sprache. Herausgegeben von M. Böhler. Stuttgart 1973.

Aldous Huxley: Schöne neue Welt. Frankfurt/Main 1953.
(Brave New World. London 1932.)

Theodor Ickler: Die sogenannte Rechtschreibreform. Ein Schildbürgerstreich. St. Goar 1997.

Karl Jaspers: Die Idee der Universität. Neufassung Berlin 1961.

Immanuel Kant: Was ist Aufklärung? Zuerst 1784.

Hermann August Korff: Geist der Goethezeit. Versuch einer ideellen Entwicklung der klassisch-romantischen Literaturgeschichte. Leipzig 1923–1953.

Konrad Lorenz: Der Abbau des Menschlichen. München/Zürich 1983.

Herbert Marcuse: Der eindimensionale Mensch. Studien zur Ideologie der fortgeschrittenen Industriegesellschaft. Neuwied/Berlin 1967.

Michel de Montaigne: Essais. Zuerst 1595. Erste moderne Gesamtübersetzung von Hans Stilett. Frankfurt am Main 1998.

Friedrich Nietzsche: – Unzeitgemäße Betrachtungen.
– Über die Zukunft unserer Bildungsanstalten.
(Beides z.B. enthalten in Band 1 der «Kritischen Studienausgabe» von Nietzsches Sämtlichen Werken im Deutschen Taschenbuch Verlag)

José Ortega y Gasset: Europäische Kultur und europäische Völker. Stuttgart 1954. Neuausgabe Mercurius-Verlag 2009.

George Orwell: 1984. Stuttgart 1950 (Nineteen Eighty-Four. London 1949)

Manfred Osten: «Alles veloziferisch» oder Goethes Entdeckung der Langsamkeit. Zur Modernität eines Klassikers im 21. Jahrhundert. Frankfurt am Main / Leipzig 2003.

Manfred Osten: Das geraubte Gedächtnis. Digitale Systeme und die Zerstörung der Erinnerungskultur. Frankfurt am Main / Leipzig 2004.

Neil Postman: Wir amüsieren uns zu Tode. Urteilsbildung im Zeitalter der Unterhaltungsindustrie. Frankfurt am Main 1985.

Neil Postman: Die Verweigerung der Hörigkeit. Lauter Einsprüche. Frankfurt am Main 1988.

Neil Postman: Das Technopol. Die Macht der Technologien und die Entmündigung der Gesellschaft. Frankfurt am Main 1992.

Rüdiger Safranski: Wieviel Globalisierung verträgt der Mensch? München 2003.

Barry Sanders: Der Verlust der Sprachkultur. Frankfurt am Main 1995.

Friedrich Schiller: Über die ästhetische Erziehung des Menschen in einer Reihe von Briefen. Zuerst 1795.

Wolf Schneider: Deutsch für Kenner. Hamburg 1987.

Peter Sloterdijk: Du mußt dein Leben ändern. Über Anthropotechnik. Frankfurt am Main 2009.

Manfred Spitzer: Vorsicht Bildschirm! Elektronische Medien, Gehirnentwicklung, Gesundheit und Gesellschaft. Stuttgart 2005. Als Taschenbuch München 2006.

Johano Strasser: Leben oder Überleben. Wider die Zurichtung des Menschen zu einem Element des Marktes. Zürich / München 2001.

Dieter E. Zimmer: Deutsch und anders – die Sprache im Modernisierungsfieber. Reinbek 1997.